기독교문서선교회 (Christian Literature Center: 약칭 CLC)는 1941년 영국 콜체스터에서 켄 아담스에 의해 시작되었으며 국제 본부는 미국 필라델피아에 있습니다. 국제 CLC는 59개 나라에서 180개의 본부를 두고, 약 650여 명의 선교사들이 이동도서차량 40대를 이용하여 문서 보급에 힘쓰고 있으며 이메일 주문을 통해 130여 국으로 책을 공급하고 있습니다. 한국 CLC는 청교도적 복음주의 신학과 신앙서적을 출판하는 문서선교기관으로서, 한 영혼이라도 구원되길 소망하면서 주님이 오시는 그날까지 최선을 다할 것입니다.

추천사

박 영 환 박사
前 한국선교신학회 회장 | 서울신학대학교 선교학 교수

선교적 교회의 논의가 한국교회와 선교학계에 뜨겁다. 현재 한국교회는 세상의 변화에 민감하게 반응하며, 적극적으로 대응할 수 있는 리더십의 패러다임이 절대적으로 요청되고 있다. 하지만 세상은 급변하고 있는 반면, 교회는 전통을 유지하며 변화에 민감하게 반응하지 못하고 있다. 세상 가운데 교회가 선교적 본질을 회복하기 위해서는 목사와 평신도 리더십의 변화가 일어나야 한다.

『선교 리더십』은 전통적 교회에서 선교적 교회로 전환하기 위한 리더십의 구체적인 방향성과 대안을 제시해 준 책이다. 이 책이 서울신학대학교에서 「선교적 리더십 연구」로 박사학위를 받은 최성주 박사와 『선교적 교회의 리더십』을 번역한 전석재 박사에 의해 집필된 것은 참으로 기쁘고 감사한 일이다. 선교적 교회는 하나님의 백성이 그리스도의 제자가 되어 교회의 내부 사역에 적극적으로 참여함과 동시에 교회 밖의 불신자들을 향해 세상으로 나아가는 것이다. 그러기 위해서는 교회들 가운데 혁신하는 선교적 리더십이 절대적으로 요구된다.

이 책은 선교적 교회의 이해와 상황과 도전에 대한 내용으로 선교적 교회 이해하기 그리고 선교적 교회의 방향으로 구성되었다. 또한, 선교적 교회를 위한 리더십의 본질, 리더의 특성, 방향과 리더십의 구체적인 내용으로 구성되었다.

이 책은 선교적 교회를 세우기 위한 리더십에 대한 깊은 통찰력, 넓은 안목과 구체적인 사례를 제공한다. 선교에 깊은 관심을 가진 학생들과 선교사 그리고 목회자들에게 절대적으로 필요한 책이다. 이 책을 통해 선교적 교회가 무엇이며, 어떻게 선교적 교회로 전환해 가야 되는지, 그리고 그러기 위해서는 어떤 리더십이 필요한지 배울 수 있다.

이 책은 여러 가지 어려운 한국교회와 선교 상황 가운데서 나침반과 같은 역할을 하기에 목사와 선교사, 신학생들에게 적극 추천하고 싶다. 대구 봉산성결교회 담임목사로서 바쁜 일정 가운데도 논문을 바탕으로 저서를 집필한 최성주 박사와 여러 가지 바쁜 일정 속에서도 함께 저서를 펴낸 서울기독대학교 전석재 박사에게 진심으로 축하를 보낸다. 최성주 박사와 전석재 박사에 의해 집필된 『선교 리더십』이 목사와 선교사뿐만 아니라 여러 가지로 힘든 한국교회에 선교적 본질을 향한 바른 방향과 길잡이가 되기를 간절히 바란다.

선교 리더십

Missional Leadership
Written by Seong Ju Choi, Seok Jae Jeon
All rights reserved.
Korean Edition Copyright ⓒ 2020 by Christian Literature Center, Seoul, Korea

선교 리더십

2020년 3월 31일 초판 발행

지은이 | 최성주, 전석재

편집 | 구부회, 박민구
디자인 | 전지혜
펴낸곳 | (사)기독교문서선교회
등록 | 제16-25호(1980.1.18.)
주소 | 서울특별시 서초구 방배로 68
전화 | 02-586-8761~3(본사) 031-942-8761(영업부)
팩스 | 02-523-0131(본사) 031-942-8763(영업부)
이메일 | clckor@gmail.com
홈페이지 | www.clcbook.com
송금계좌 | 기업은행 073-000308-04-020 (사)기독교문서선교회

ISBN 978-89-341-2114-5(93230)

이 도서의 국립중앙도서관 출판예정도서목록(CIP)은 서지정보유통지원시스템 홈페이지(http://seoji.nl.go.kr)와 국가자료공동목록시스템(http://www.nl.go.kr/kolisnet)에서 이용하실 수 있습니다. (CIP제어번호: 2020008521)

이 책의 저작권은 저자와 (사)기독교문서선교회가 소유합니다. 신저작권법에 의하여 한국 내에서 보호받는 저작물이므로 무단 전재와 무단 복제를 금합니다.

선교 리더십

Missional Leadership

최성주 · 전석재 지음

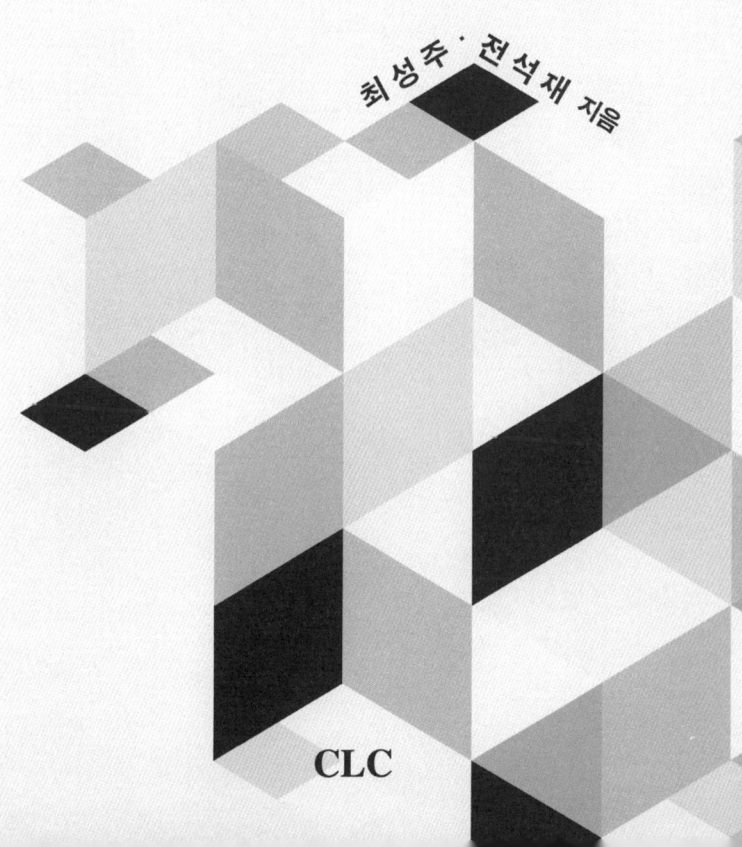

CLC

목차

추천사   1
박 영 환 박사
(前 한국선교신학회 회장, 서울신학대학교 선교학 교수)

저자 서문   8

제1부 들어가는 말   11

제2부 선교적 교회의 이해   33
제1장 선교적 교회의 개념과 역사   34
제2장 선교적 교회를 위한 패러다임 변화   78
제3장 선교적 교회를 위한 실천 방식   103

제3부 선교적 교회의 선교 리더십의 이해   113
제1장 선교 리더십의 개념과 정의   114
제2장 선교 리더십의 기초와 유형   122
제3장 선교적 교회의 선교 리더십의 변화와 형성   132

제4부 선교적 교회의 선교 리더십의 방향과 과제   141
제1장 선교적 교회의 선교 리더십 방향   142
제2장 선교적 교회의 선교 리더십의 과제   163

제5부 나가는 말   174

참고 문헌   181

저자 서문

최 성 주 박사
대구 봉산성결교회 담임

오늘날 한국교회가 쇠퇴의 길로 가고 있는 상황을 보면서 다음과 같은 질문을 갖는다.

"교회가 무엇인가?"

"교회의 본질(being)은 무엇인가?"

최근에 "교회론"이 중요한 이슈와 주제로 다루어지고 있다.

과연 "교회는 어디로 가야하는가?"

교회 갱신 학자인 하워드 스나이더(Howard Snyder)는 교회를 다음과 같이 언급하고 있다. "교회는 그리스도의 몸이요, 성령의 공동체이며, 하나님의 백성이다. 또한, 교회는 가장 위대한 왕에게 속한 공동체이며, 동시에 만물을 화목케 하시려는 하나님의 계획을 수행하려고 이 세상에 두신 대행자이다"라고 강조한다.

선교학자 요한네스 블라우(Johannes Blauw)는 그의 책 『교회의 선교적 본질』에서, "그리스도의 교회가 아니면 교회가 아니며, 세상에 보냄을 받지 않은 교회는 교회가 아니다"라고 말했다. 교회가 이 땅에 존재하는 가장 중요한 존재 근거가 복음 전도이며, 선교임을 역설하고 있다.

"선교적 교회"에 대한 진지한 숙고와 논의가 한국의 학계와 목회자들 사이에서 몇 해 전부터 화두가 되어왔다. 이 책은 뜨겁게 고민하며 논의하고 있는 "선교적 교회"의 의제 중 리더십 문제를 집중적으로 다루고 있다. 선교적 교회를 이루어 가는 중심 핵은 리더십이라고 해도 과언이 아니다. 그러므로 『선교 리더십』을 출간하게 되었다.

이 책은 크게 세 영역으로 나누었다.

첫째, 선교적 교회의 일반적인 이해로서, 선교적 교회가 패러다임의 전환이 어떻게 이루어 져야 하는지를 밝히고 있다.

둘째, 선교적 리더십의 이해로서 선교 리더십의 정의, 유형, 형태, 그리고 변화와 형성을 다루며, 선교 리더십이 무엇인지를 정확히 설명하고 있다.

셋째, 선교적 교회의 리더십의 방향으로 섬기는 리더십, 성육신적 리더십, 사도적 리더십을 언급하였고, 선교 리더십의 과제를 역할, 범위, 한계를 논의하였다.

이 책은 필자의 서울신학대학교 박사학위 논문「선교적 교회의 리더십 연구」가 근간이 되었으며, 서울신학대학교 1학년 때 만나 35년 동안 한결같은 친구 전석재 박사의 「선교적 목회 리더십 연구」 논문이 함께 녹아 저서로 열매를 맺게 되었다. 부족한 필자를 위해 기도하며 후원하고, 목회의 동역자로 격려해 준 봉산성결교회의 장로님들과 성도들의 사랑에 진심으로 감사의 마음을 담아 드린다.

특히 『선교 리더십』를 기획하고 편집하며 애써주신 기독교문서선교회(CLC) 박영호 사장님과 편집을 맡아 수고해 주신 관계자들에게 진심으로 감사의 말씀을 전한다. 무엇보다 힘든 가운데도 늘 기도와 사랑으로 격려해 준 아내와 두 딸에게 마음 깊이 고마운 마음을 전하고 싶다.

끝으로 이 책의 출간이 한국교회에게 매우 기쁜 일이며, 하나님의 크신 은혜라고 생각하며, 하나님께 영광을 돌린다. 이 책의 출간 계기로 한국교회의 목회자와 성도들이 "선교적 교회"은 모이는 교회일 뿐만 아니라 흩어지는 교회로서 하나님의 백성이 삶의 현장에서 예수 그리스도의 제자가 되어 "증인"의 삶을 살아가기를 간절히 기대한다. 그리고 목회자, 신학생, 선교사와 평신도들이 이 책을 읽고 도전과 기회가 되어 온 열방 가운데 하나님의 나라를 세워가기를 간절히 열망한다.

제1부

들어가는 말

오늘날 한국 사회는 급격하게 변화되는 기술 혁명으로 인해 가치관의 혼동을 겪고 있다. 제4차 산업 혁명(4th Industrial Revolution) 시대를 맞아 인공 지능, 로봇의 발달, 생명 공학, 사물 인터넷(IoT, Internet of Things), 빅데이터(Big Data), 모바일(Mobile) 등 첨단 과학 정보 기술로 사회와 경제, 문화 전반에 혁신적인 변화가 일어나고 있기 때문이다.

세계는 자유 경제 체제로 인해 무한 경쟁 시대가 되었고, 나라마다 제각기 생존 전략을 모색하고 있다. 또한, 포스트모더니즘(Post-Modernism)의 시대 사조와 흐름은 기존의 사상, 가치와 세계관을 변화시켜 전통적 가치관과 질서를 해체하고 있다.

기업은 변화에 민감하게 대응하기 위해 엄청난 재원과 인력을 투자하여 제4차 산업 혁명에 발맞추어 나가고 있으며, 포스트모던(Post-Modern) 문화의 변화를 읽고 생존 경쟁에 살아남기 위해 몸부림치고 있다.

이러한 흐름 속에서도 한국교회는 교회의 내적인 문제에만 초점을 두고 집중하다 보니, 포스트모던 문화에 대응하여 문화적 트렌드(Trend)를 해독하고 통찰하지 못하기 때문에 목회와 선교에 적용하지 못하고 있다.

한국교회는 이미 급격한 성장기를 지났다. 1990년도 후반부터 성숙기에 들어섰지만, 지금은 완전한 쇠퇴기에 접어들었다. 2016년 한국교회의 파송 선교사의 증가율은 제로(0%)가 되었으며, 매년 1,000명 이상 파송되었던 선교사는 급격히 감소했다. 한국교회와 선교가 성장의 한계에 도달한 것이다.

한국교회가 거시적으로 이미 성장 한계의 늪에 빠졌다는 증거들은 곳곳에서 나타나고 있다.[1] 이렇게 한국교회의 성장 한계와 정체 혹은 쇠퇴는 교회들로 하여금 더욱 치열한 생존 경쟁에 빠지게 하였다. 그 결과 한국교회는 자기 교회만의 생존에 매달리다 보니 시대의 변화와 흐름에 적응하지 못해 미래를 위한 준비를 하지 못하고 있다.

이러한 상황 속에서 한국교회에 요청되는 것은 무엇인가?

---

[1] 최윤식, 『2020-2040 한국교회 미래 지도』 (서울: 생명의말씀사, 2013), 45-46.

첫째, 한국교회는 변화의 속도에 대비할 수 있어야 한다.

둘째, 시대의 경향과 징조를 직시할 수 있는 안목을 길러내기 위한 작업과 교육이 교회 안에 있어야 한다.

셋째, 제4차 산업 혁명의 빠른 변화를 분석할 수 있는 정확한 통계와 해석 방법을 연구해야 하며, 이를 교회에 적용할 수 있도록 신학적 통찰과 선교적 예견, 선교적 적용 방법을 강구해야 한다.

넷째, 무엇보다도 한국교회는 본질적으로 선교하는 교회로 거듭나야 한다.

선교는 교회의 본질적인 과제이며 교회의 정체성을 확립하는 근간이 된다. 이를 위해 한국교회는 무엇보다 성경적 본질을 회복하고 신학적인 통찰 속에서 선교적 교회가 되어야 한다.

선교적 교회는 교회의 본질을 회복하고 성도의 공동체를 성경적인 삶으로 인도하는 삶을 원리로 한다. 그 원리를 한국교회가 필요로 한다. 그러기 위해서는 선교 리더십의 패러다임(Paradigm)의 전환이 절실히 요구된다. 선교 리더십 없이 선교적 교회를 형성하는 데에는 상당한 어려움이 따르기 때문이다.

그동안 한국교회는 목회자의 리더십을 중심으로 교회

성장을 이뤄왔다.[2] 그러나 목회자의 리더십을 중심으로 한 교회 성장은 오히려 급변하는 한국 사회에 교회가 적응하지 못하게 하는 걸림돌이 되고 말았고, 이 때문에 한국교회는 사회적 변화를 따라가지 못하게 되어버렸다.[3]

이것이 바로 한국교회에 선교 리더십이 요청되는 이유이다. 세계의 변화를 추구하되, 교회의 본질적 사명인 선교를 놓쳐서는 안 된다. 특별히 선교적 리더십은 교회 공동체의 역량과 구성원을 새롭게 무장시킬 수 있으며 선교적 교회의 선교 리더십을 통해 새로운 교회의 정체성을 이루어 낼 수 있다.

포스트모던 문화와 사회에 살아가고 있는 현대인들은 과거의 시대와는 전혀 다른 삶의 형태와 모습으로 살아가고 있다. 현대교회는 포스트모던 시대에 맞춰 감성과 지성을 넘어 영성을 강조하고 있지만, 동시에 제도화된 기독교에 대한 헌신도가 '매우 약화'[4]된 상태이다.

따라서 현실에서 교회의 사역과 리더십에 대한 새롭고 창의적인 접근이 필요하다. 급변하는 포스트모던 문화 가운데 교회의 본질의 회복과 복음을 지켜가는 것이

---

[2] 참고: 한미준, 『한국교회 미래리포트』 (서울: 두란노, 2005), 46-47.
[3] 장성배, 『사명 리더십으로 바로 세워라』 (서울: KMC, 2009), 6-11.
[4] 릭로우즈, 클레이그 밴 겔더, 『선교적 교회 만들기』, 황병배, 황병준 역 (안성: 올리브나무, 2013), 24.

오늘날 세계의 교회들이 지켜 나아가야 할 중요한 과제인 것이다. 이러한 접근은 스코틀랜드 출신의 인도 선교사인 레슬리 뉴비긴(Lesslie Newbigin, 1909 -1998년)이 『변화하는 세상 변함 없는 복음』에서 처음으로 다음과 같이 이야기한 바 있다.[5]

> 우리는 죽어가는 문화에 복음적인 지식의 틀을 제공할 준비가 되어 있는가? 복음이 우리 사회의 공적인 삶에 도전하려면 변화의 움직임은 지역 교회로부터 시작되어야 한다. 말하자면 지역 교회의 회중이 하나님이 모든 사물과 사람을 다스린다는 그 나라의 메시지에 충실하게 사는 것을 그 출발점으로 삼아야 한다.[6]

즉, 레슬리 뉴비긴은 포스트모던의 서구 문화 속에서 지역 교회가 본질적으로 무엇이며(Being), 무엇을 알아야 하며(Knowing), 무엇을 행해야 하는지(Doing)를 계속하여 선교적 교회로 설명하고 있다. 이러한 상황 속에서 릭 로우즈(Rick Rouse)와 크레이그 밴 겔더(Craig Van Gelder)는 다음과 같이 강조한다.[7]

---

[5] 레슬리 뉴비긴, 『변화하는 세상 변함 없는 복음』 (서울: 아바서원, 2014), 220.
[6] 뉴비긴, 『변화하는 세상 변함 없는 복음』, 221.
[7] 로우즈, 겔더, 『선교적 교회 만들기』, 32.

끊임없이 변화하는 세상 속에서 교회가 복음을 효과적으로 전하려면, 교회의 선교적 정체성을 깊이 탐구하고 새로운 방식을 받아들이면서 변화된 사역의 방식들을 적극적으로 활용할 수 있어야 한다.[8]

오늘날 복음을 효과적으로 전하는 '선교적 교회'가 되기 위해서는 먼저 교회의 방식과 정체성을 확고히 하고 수정해 나가야 한다.

그럼, 전통 교회에서 선교적 교회로의 전환은 어떻게 가능한가?

이 전환에서 가장 중요한 핵심적인 내용은 바로 선교적 교회를 이끌어가는 선교 리더십(missional leadership)이다.[9]

리더십은 조직과 공동체의 목적을 성취시키는 데 있어 가장 중요한 영향력을 끼친다. 즉, "리더들은 다른 사람들로 하여금 일정한 방향으로 생각하고 느끼고 행동하도록 영향을 주는 사람들"[10]이다.

선교적 교회에서 특히 한국교회에서 중요한 이슈는 리더십(leadership)이다. 한국교회의 성장은 리더십으로 설

---

[8] 겔더, 『선교적 교회 만들기』, 32.
[9] 장성배는 선교적 교회로 전환하기 위해서는 사명 리더십이 필요하다고 했다. 장성배, 『사명 리더십으로 바로 세워라』, 7.
[10] 한스 핀젤, 『리더십 파워』, 김재영 역 (서울: 디모데, 2000), 17.

명될 수 있다. 1980년대 이후 나타난 한국교회의 성장은 리더십의 결정체였다. 한국 대형 교회 목회자들의 대부분이 카리스마적인 리더십으로 교회 성장의 기초를 만들어냈다.

워렌 베니스(Warren G. Bennis)와 버트 나누스(Burt Nanus)는 그들의 저서 『리더와 리더십』(*Leaders: Strategies for Taking Charge*)에서 "리더십의 정의는 850가지 이상이다"라고 설명하고 있다.[11] 이 말은 리더십이 모든 영역에서 통용된다는 것이며 동시에 모든 영역에 리더십이 작동된다는 것이다.

선교 리더십은 선교적 교회의 가장 기초적인 정체성을 추구하는 것으로 정의하기가 어렵지 않다. 교회의 본질은 선교이고, 이 일에 부름 받은 자들이 모인 공동체가 교회이며, 이 사역을 끌고 가는 교회가 선교적 교회이기 때문이다.

피터 노스하우스(Peter G. Northouse)는 다음과 같은 이슈들이 리더십에서 중요하다고 말한다.[12]

"무엇이 좋은 리더를 만드는 것인가?"

"효과적인 리더가 되기 위해서 갖추어야 할 요소들은

---

[11] Warren G. Bennis. Burt Nanus, *Leaders: Strategies for Taking Charge* (NY: Harper Business Essential, 2003), 5.

[12] Peter G. Northouse, *Leadership: Theory and Practice* (Los Angeles, CA: Sage, 2010), 13.

무엇인가?"

우리가 살고 있는 세상뿐만 아니라 교회 안에서도 리더십의 문제는 매우 중요한 주제이다. 교회에서 요청되는 리더십은 세상의 관점에서 생각하는 리더십과는 확연히 다르다. 교회에서 하나님의 백성들에게 하나님 나라를 위하여 살아가고 예수 그리스도를 따르는 삶을 살게 하는 리더십은 세상의 일반적인 리더십과는 구별되기 때문이다.

따라서 이 책에서는 연구하고자 하는 것은 다음과 같다.

첫째, 전통 교회가 세상에 파송되어 하나님의 선교를 이루기 위해 선교적 교회로 전환해야 함을 설명하려 한다.

둘째, 선교적 교회의 사명을 감당하기 위해 요청되는 리더십, 즉 제도적이고 전통적인 교회에서 추구되었던 리더십을 넘어 급격히 변화되고 있는 사회적-문화적 상황에서 패러다임의 전환이 요청되는 선교 리더십에 대하여 설명하려 한다.

셋째, 오늘날 사회에서 빠르게 변화하고 있는 것이 무엇인지, 나아가 포스트모던 문화[13]의 특징이 무엇인지도

---

[13] Jonathan Bignell, *Postmodern Media Culture* (Edinburgh, UK: Edin-

살펴보고자 한다.

넷째, 이러한 변화에 따라 선교 리더십은 어떻게 변화해야 하는지를 연구하고자 한다.

다섯째, 사회의 변화의 경향 속에 앞으로의 교회가 어떻게 선교적인 교회로 전환될 수 있는지, 거기에 따른 적절한 선교 리더십 패러다임 변화를 어떻게 이루어 갈지에 대하여 서술하고자 한다. 궁극적으로 이 책은 선교 리더십의 한계와 과제, 방향성에 대해 말하고자 한다.

급격하게 변화하는 사회 문화의 현실 속에서 전통적인 교회가 선교적 교회로 전환하기 위해서 무엇이 요구되는가?

또한, 선교적 교회로의 전환을 위해서는 선교 리더십의 패러다임이 어떻게 변화되어야 하는가?

우선 살펴보아야 할 것은 '선교적 교회'와 '선교 리더십'에 대하여 다룬 저서나 논문들이다. 그 가운데 본 주제를 이해하기 위해 몇 권의 저서를 열거해 보면 다음과 같다. 찰스 벤 엥겐(Charles E. Van Engen)은 그의 저서 『하나님의 선교적 교회』[14]에서 선교적 리더십의 필요성을

---

burgh University Press, 2000), 5-6.
[14] 찰스 벤 엥겐, 『하나님의 선교적 교회』, 임윤택 역 (서울: CLC, 2014).

다음과 같이 설명하였다.

> 지역 교회가 하나님의 선교적 교회로 전환하기 위한 역사적이고 성경적인 새로운 관점을 제시하고 있다. 또한, 선교적 교회의 본질적인 목적과 역할이 무엇인지를 설명하고, 선교적 교회의 성도와 지도자, 그리고 행정을 어떻게 해야 하는지를 밝히고 있다.

엥겐은 또 한번 강조한다.

> 선교적 교회의 지도자는 선교하는 지도자이다. 교회의 구성원 모두가 세상에 나아가 선교해야 하는 하나님의 백성이라는 사실은 지도자를 세우는 일과 지도자에 대한 인식에 결정적인 영향을 미친다.[15]

선교적 교회의 지도자의 리더십의 정의와 중요한 역할이 무엇인지를 보여 준 것이다.

크레이그 밴 겔더(Craig Van Gelder)는 선교적 교회를 『교회의 본질』에서 다음과 같이 설명한다.

---

[15] 엥겐, 『하나님의 선교적 교회』, 275. 제11장 선교적 교회의 지도자의 리더십에 대하여 설명하고 있다.

> 교회의 본질을 알기 위해서는 교회의 선교적 이해와 역사적인 교회관, 그리고 교회의 본질과 교회의 사역, 교회의 조직적인 삶이 무엇인지를 정의할 필요가 있다. 특별히 선교적 교회의 본질적 개념을 인지해야 한다. 그러기 위해서는 성경적, 신학적, 선교학적으로 교회가 무엇인지를 확인해야 하며, 따라서 얻어진 결론으로 선교적 교회론을 재인식할 필요가 있다.[16]

따라서 성경적이고 신학적인 시각에서 선교적 교회의 본질이 무엇인지를 밝히는 데 있어서 크레이그 밴 겔더의 저서를 인용하고 참조하며 비교 분석을 하고자 한다.

조지 G. 헌터 3세(George G. Hunter III)가 쓴 『사도적 교회』[17]는 건강한 교회의 성장을 설명하면서 전통적 교회에서 선교적 교회로의 변화를 지도하고 설명하였다. 그에 의하면 "전통적 교회는 변화를 필요로 하고 요청하지만, 선교적 교회로의 변화를 이끌어내기가 매우 어렵다는 사실"을 발견하였다.

이러한 상황 가운데 전략적인 변화를 위해서 교회의 리더십을 가진 지도자들을 변화시키는 것이 매우 중요하

---

16 클레이그 밴 겔더, 『교회의 본질』, 최동규 역 (서울: CLC, 2015).
17 조지 헌터 3세, 『사도적 교회』, 전석재 역 (서울: 도서출판 대서, 2014).

다는 사실을 발견할 수 있다. 또한, 선교적 교회로의 변화를 시작하기 위한 영적이고 조직적인 관점들[18]에 필요한 중요한 원리들을 한국적 상황에 맞게 적절하게 재해석할 수 있다.

릭 로우즈(Rick Rouse)와 크레이그 밴 겔더(Craig Van Gelder)의 『선교적 교회 만들기』[19]는 정체된 전통적인 교회를 어떻게 '선교적 교회'로 전환할 것인가를 다루고 실제적인 사례를 제시하고 있다. 이 책에서는 특별히 세상에서 섬겨야 하는 하나님 선교에 대한 교회의 책임을 7단계로 제시하고 있다.[20]

> **첫째**, 하나님의 선교를 위한 비전을 개발하라.
> **둘째**, 하나님의 선교와 제자화에 집중하라.
> **셋째**, 건강한 환경을 조성하라.
> **넷째**, 스태프와 평신도 지도자들로 지원팀을 구축하라.
> **다섯째**, 분쟁 발생 시 대처 요령.
> **여섯째**, 재정적 자생력을 세우기 위한 청지기 훈련을 시켜라.

---

[18] 헌터 3세, 『사도적 교회』, 273-75. 제7장에서 전통적 교회에서 선교적 교회(헌터는 사도적 교회로 칭함)로 변화시키는 중요한 원리들을 설명하고 있다.
[19] 로우즈, 겔더, 『선교적 교회 만들기』, 황병배, 황병준 역, 14.
[20] 겔더, 『선교적 교회 만들기』, 15.

일곱째, 모든 공헌과 성공을 격려하라.

이 『선교적 교회 만들기』는 선교적 교회를 만들기 위한 틀과 통찰력을 제시해 주고 있다. 한국선교신학회의 여러 학자들이 공동으로 저술한 『선교적 교회론과 한국교회』[21]는 '선교적 교회론의 역사적 발전'과 '선교적 교회론에 관한 학자들의 다양한 이론,' 그리고 '선교적 교회론의 주제에 관한 성찰' 등 다양한 선교적 교회론의 주제를 다루고 있다.

한국선교신학회의 최동규가 쓴 『선교적 교회론의 관점에서 본 교회』와 홍기영의 논문 「선교적 교회론의 관점에서 본 선교」, 이상훈의 『하나님의 백성의 선교적 책무』, 전석재의 『선교적 교회의 리더십』과 같은 글들은 한국교회가 어떻게 선교적 교회로 전환해야 하는지를 잘 설명해 주고 있다.

한국일이 저술한 『선교적 교회의 이론과 실제』[22]는 선교적 교회의 신학적인 토대와 한국교회 상황에서의 지역교회가 어떻게 선교적 교회가 될 것인가에 관한 신학적이고 선교학적인 근거를 제시하고 있다. 무엇보다 저자

---

[21] 한국선교신학회, 『선교적 교회론과 한국교회』 (서울: 대한기독교서회, 2015).
[22] 한국일, 『선교적 교회의 이론과 실제』 (서울: 장로회신학대학교, 2016).

는 선교적 마을 만들기와 지역 교회의 선교적 역할에 대하여 다루면서 지역 교회의 새로운 대안적 사례 모델을 제시하고 있다. 한국일은 제9장에서 '선교적 교회 목회 리더십'을 강조하고 있다.

'선교 리더십'의 원리에 적용하고 선교적 교회를 한국 선교신학회에서 조직화하며 체계화시킨 최동규의 저서 『미셔널 처치』[23]는 선교적 교회의 역사, 참된 교회로 전환으로서의 선교적 교회, 선교적 교회로서의 하나님 백성의 삶, 그리고 선교적 교회의 실천과 선교적 교회의 성육신 사역, 평신도의 사도직을 수행하는 삶에 대하여 강조하고 있다.

선교적 교회의 모델로서의 사역 유형을 정리한 유승관의 『교회여 세상 속으로 흩어지라』[24]는 한국교회가 '모이는 교회'로서의 교육, 예배, 교제를 강조하는 것에 끝나지 않고 세상을 향해 나아가는 것, '흩어지는 교회'로의 방향을 전환해 선교할 것을 강조하고 있다. 그 응답으로 그가 선교 담당 목사로 오랫동안 사역했던 사랑의 교회의 선교를 모델로 하여 실천적인 사례를 제시하고 있다.

---

[23] 최동규, 『미셔널 처치』 (서울: 대한기독교서회, 2017).
[24] 유승관, 『교회여 세상 속으로 흩어지라』 (서울: 생명의말씀사, 2013).

선교적 교회의 선교 리더십이 왜 중요한가?

그것을 세부적으로 정리한 최동규의 『새로운 패러다임의 교회 성장』[25]은 세상 속에서 참된 교회의 모습과 건강한 교회의 핵심인 제자도의 역할을 강조하고 있다. 무엇보다 새로운 시대의 리더십으로 섬김의 리더십, 감성의 리더십을 설명하고 있다. 또한, 건강한 교회의 내적 동력으로서 소통의 목회와 소그룹, 그리고 전도를 강조하였다. 선교 리더십의 방향으로 에디 깁스(Eddie Gibbs)의 『넥스트 처치』는 미래 목회의 9가지 트렌드[26]를 제시하였다.

① 과거 회귀에서 현실 참여로,

② 마케팅 모티브에서 선교적 모티브로,

③ 관료적 계층구조에서 사도적 네트워크로,

④ 집단적 가르침에서 개인적 멘토링으로,

⑤ 대중적 설교가에서 내면적 영성가로,

⑥ 보는 예배에서 느끼는 예배로,

⑦ 기다리는 전도에서 찾아가는 전도로,

⑧ 수동적 교인에서 활동적 신자로,

⑨ 닫힌 공동체로서 열린 공동체로 설명하였다.

---

[25] 최동규, 『새로운 패러다임의 교회 성장』 (서울: 서로사랑, 2011).
[26] 에디 깁스, 『넥스트 처치』, 임신희 역 (서울: 교회성장연구소, 2004), 11.

이 책에서 선교 리더십 패러다임의 관점을 본 내용에 참조하고 인용하며 분석할 것이다.

전통적 교회에서 선교적 교회로 전환해야 될 중요 내용은 박운암의 저서 『선교적 교회와 목회 행정』[27]에서 정리하였다. 그는 한국교회의 선교적 교회의 필요성에 대하여 언급하고, 선교적 교회론의 이해와 발전, 선교적 교회의 신학적 설계를 언급하였다. 또한, 선교적 교회의 목회 행정과 사역, 그리고 사역을 위한 시스템과 목회 행정을 통한 실천을 설명하였다.

에드 스테치와 데이비드 푸트만(Ed Stetzer and David Putman)의 『선교 암호 해독하기』[28]는 "선교적이란 무엇인가?"라는 주제를 새롭게 나타나는 글로컬(Glocal) 상황에서 선교적 교회와 목회로의 전환, 그리고 선교적 암호를 해독하는 지도자와 그 교회의 의미와 가치를 다루며 설명하고 있다. 또한, 선교적 목회를 향한 갱신을 설명하고, 선교적 교회의 개척과 네트워크를 설명하고 강조하고 있다.

'선교적 리더십'과 관련된 저서는 앨런 록스버그와 프레드 로마눅(Alan J. Roxburgh & Fred Romanuk)의 『선교적

---

[27] 박운암, 『선교적 교회와 목회 행정』 (서울: CLC, 2017).
[28] 에드 스테치, 데이비드 푸트만, 『선교 암호 해독하기』, 이후천, 황병배 역 (안성: 올리브나무, 2012).

교회의 리더십』(*The Missional Leader*)이다. 이 책에서는 선교적 교회론을 선교 리더십과 지도자의 관점에서 다룬 저서이다. 이 책에서 저자는 다음과 같이 역설하였다.[29]

> 선교는 교회에 속한 하나님의 백성들이 종종 행하는 프로그램이나 프로젝트가 아니다. 오히려 교회의 본질은 하나님의 선교적 백성이 되는 것이다. 선교적 교회는 본질적으로 예수 그리스도 안에서 모든 피조물 가운데 그리고 그들을 위해 하나님께서 계획하신 것을 드러내는 사건이며, 하나님의 선교적 백성의 공동체이다.

이처럼 저자인 앨런과 프레드는 선교적 교회는 본질적으로 "하나님의 백성들이 이 땅에서 하나님 나라를 이루어 가는 선교 공동체"라고 주장한다. 따라서 그들의 저서『선교적 교회의 리더십』에서 선교 리더가 나아가야 할 길과 방향이 무엇인지 제시하고 있다.

J. 로버트 클린턴(J. Robert Clinton)의『영적 지도자 만들기』[30]에서는 선교를 준비하는 학생과 선교사들에게 어

---

[29] Alan J. Roxburgh & Fred Romanuk, *The Missional Leader: Equipping Your Church to Reach a Changing World* (CA: Jossey-Bass, 2006), Introduction, XV.

[30] J. 로버트 클린턴,『영적 지도자 만들기』, 이순정 역 (서울: 베다니, 2014).

떻게 리더십이 형성되는지를 설명해 주고 있다.

클린턴은 다음과 같이 설명한다.

> 리더십이란 하나님의 선한 뜻을 이루기 위해 모인 한 집단에서 그분의 능력을 입은 인물들이 영향력을 끼치는 역동적 과정이다.[31]

이 저서가 탁월한 점은 '리더십 개발'의 과정을 상세히 설명하고 있기 때문이다.

리더십과 문화의 관계를 잘 설명해 놓은 제임스 E. 프루드만(James E. Plueddeman)의 『범세계적 교회와 선교적 리더십』[32]은 교회 안에서의 다중 문화의 리더십, 리더십과 문화를 구체적으로 설명하고 있다. 또한, 리더십의 상황화, 실제적으로 글로벌 리더십의 실제에 대하여 다루었다. 무엇보다 프루드만의 책은 비전과 전략 개발, 글로벌 리더의 개발을 설명하며 성경적 원리와 방법론적 의미를 해석하고 있다. 이 책에서는 선교적 리더십의 개발에 대한 재해석을 통하여 이를 적용해 보고자 한다.

선교적 교회에서 가장 중요한 조직 형태의 관계성을

---

[31] 클린턴, 『영적 지도자 만들기』, 17.
[32] 제임스 E. 푸르드만, 『범세계적 교회와 선교적 리더십』, 변진석·김동화 역 (서울: CLC, 2013).

보여 준 월터 C. 라이트(Walter C. Wright)의 『관계를 통한 리더십』[33]에서는 다양한 관계를 통해 배우고 성장하는 섬김의 리더십을 강조하고 있다. 이 책은 진정한 섬김의 리더십의 신학이 무엇인지를 설명하고 리더십의 모델을 논의하였다. 그리고 그에 따른 비전과 소망, 가치관을 통한 영향, 관계를 통한 영향, 책임을 통한 영향을 다루었다. 라이트는 다음과 같이 주장한다.

> 리더십은 지위와 역할에 관계없이 다른 이들에게 영향을 끼치고 변화를 일으키는 모든 것이다. 그렇게 행하는 사람은 누구나 리더이며, 따라서 모든 그리스도인은 리더이다. 따르는 이들을 존귀히 여기고 섬기려 하는 종의 마음으로 다양한 관계의 유형 속에서 영향력을 흘려보내는 것이다.[34]

이영희의 『21세기 선교 지도자 개발론』[35]은 미래 선교 리더십이 무엇인가를 설명해 준다. 이 저서는 성경적 지도자가 무엇이고 세계 선교 역사에 나타난 선교 지도력의 유형과 특성, 그리고 제3세계 운동에 나타난 대표적

---

[33] 월터 C. 라이트 Jr., 『관계를 통한 리더십』, 양혜정 역 (서울: 예수전도단, 2002).
[34] 라이트 Jr., 『관계를 통한 리더십』, 12-13.
[35] 이영희, 『21세기 선교지도자 개발론』 (서울: 생명의말씀사, 1999).

지도자들의 업적과 지도력의 유형, 21세기 선교를 위한 새로운 지도력 개발 패러다임에 대하여 설명하고 있다.

선교적 교회의 핵심 리더십은 영적 리더십이다. 헨리 리차드 블랙커비(Henry Richard Blackaby)의 『영적 리더십』[36]은 참된 영적 리더십이 무엇인지를 강조하고 있다. "리더의 도전과 역할, 리더의 준비, 리더의 비전, 리더의 성품과 목표, 리더의 영향과 결정, 리더의 일정과 함정, 리더의 보상"에 대하여 언급하며 영적 리더십이 "직업이 아니라 소명"[37]임을 강조하고 있다. 선교 리더십에는 가장 기초적인 작업이 들어야 한다는 것이다.

레너드 스윗(Leronard Sweet)은 『귀 없는 리더? 귀 있는 리더!』[38]에서 리더가 되기 전에 먼저 '따르는 자'로 부르심을 받고 예수 그리스도를 따르는 궁극적인 리더가 되어야 한다고 말한다. 리더십은 하나님의 말씀을 잘 듣고 거기에 주파수를 맞추는 것이다.

스윗은 다음과 같이 강조하였다.

> 리더십은 다른 그 무엇보다 예수 그리스도를 따르며,

---

[36] 헨리 T. 블랙커비, 『영적 리더십』, 윤종석 역 (서울: 두란노, 2002).
[37] 블랙커비, 『영적 리더십』, 8.
[38] 레너드 스윗, 『귀 없는 리더? 귀 있는 리더!』 강봉재 역 (서울: IVP, 2005).

그분의 마음을 기쁘게 해 드리고자 하는 '귀-눈'을 개발하는 데 있다.[39]

리더십의 가장 기본적인 품성에 관한 것으로 웨렌 베니스(Warren G. Bennis)의 『리더와 리더십』(*Leaders: Strategies for Taking Charge*)은 일반 리더십을 설명하면서 "리더십은 품성에 관한 것이다"라고 하였다.

> 목표를 달성하고 비전을 실현하는 확고한 결단력, 즉 신념과 열정을 강조한다. 신뢰를 구축하고 유지하는 능력은 리더십의 핵심적인 척도이다.[40]

선교적 교회, 선교 리더십보다 우선시되는 것은 선교에 대한 이해이다. 박영환의 『세계 선교학 개론 I』[41]에서는 선교 전반에 걸친 이론적 배경을 통해 선교에 대한 이해와 통찰력을 제공하고 있다. 선교사의 소명이 무엇이고, 선교사의 준비는 어떻게 해야 하는지, 그리고 선교사의 자격에 대하여 다루었다. 이 책을 통하여 선교 리더십에서 선교사들이 가져야 할 소명, 자세, 그리고 자격을

---

[39] 스윗, 『귀 없는 리더? 귀 있는 리더!』, 12-13.
[40] Warren G. Bennis.Burt Nanus, *Leaders: Strategies for Taking Charge* (NY: Harper Business Essential, 2003).
[41] 박영환, 『세계 선교학 개론 I』 (서울: 성광문화사, 2018).

분석하고 참고하였다.

이외에도 '한국기독교신학논총'에서는 전석재의 「선교적 교회를 위한 목회 리더십」[42]을 연구하였다. 「복음과 선교」에서는 임무영의 「좋은 리더십에서 위대한 리더십으로」,[43] 전석재의 「선교 2세기 한국교회의 평신도 선교 교육」[44]을 논의하였다.

---

[42] 전석재, "선교적 교회를 위한 목회 리더십," 「한국기독교신학논총」 제108집(2018).

[43] 임무영, "좋은 리더십에서 위대한 리더십으로," 「복음과 선교」 제20집(2012).

[44] 전석재, "선교 2세기 한국교회의 평신도 선교 교육," 「복음과 선교」 제20집(2012).

제2부

선교적 교회의 이해

선교적 교회라는 개념을 이해하려면 이 용어를 쓴 사람들이 처음에 의도했던 바가 무엇인지 알면 도움이 될 것이다. 선교적 교회를 뜻하는 영어 단어 'the missional church' 중 'missional'은 본래 영어 사전에 없는 단어로서 'missionary'라는 기존의 단어를 대신하기 위해 새롭게 만든 단어다.

'Missional'은 'mission'이라는 단어에 'al'이라는 형용사 어미를 합쳐 만든 것으로, 1998년 본격적인 선교적 교회 운동을 알린 『선교적 교회』(*The Missional Church*)에서 처음 사용되었다. 그런데 이 운동을 처음 시작한 이들이 'missionary'라는 단어를 사용하지 않은 데에는 그만한 이유가 있었다. 그 단어가 그들이 극복하고자 했던 과거의 선교 패턴, 곧 선교적 활동, 프로그램, 지리적 관점의 해외 선교 등에 중점을 둔 선교 개념[1]을 뜻하는 것처럼 오해됐기 때문이었다.

---

1 최동규, "통전적 관점에서 본 'missional'의 의미", 「선교신학」 제39집 (2015), 322. 최동규는 "전통적인 영어 표현인 'missionary'의 개념적 한계를 인식하고 'missional'이라는 신조를 만들었다"라고 주장한다.

제1장

선교적 교회의 개념과 역사

선교적 교회의 용어가 등장하면서 선교적 교회를 이해하기 위해서는 먼저 '미셔널'(missional)이라는 단어의 의미와 주제를 정확하게 이해하는 것이 필요하다. 이러한 관점에서 클레이그 밴 겔더(Craig Van Gelder)와 드와이트 J. 샤일리(Dwight J. Zscheile)는 『선교적 교회론의 동향과 발전』(*The Missional Church in Perspective*)[1]에서 다음과 같이 네 가지 주제로 설명하였다.

> **첫째**, 하나님은 교회를 세상으로 보내는, 곧 선교하시는 하나님이시다.
> **둘째**, 세상에서 이루어지는 하나님의 선교는 하나님의 통치(나라)와 관련이 있다.

---

1   클레이그 밴 겔더, 드와이트 샤일리, 『선교적 교회론의 동향과 발전』, 최동규 역 (서울: CLC, 2015), 27-28.

셋째, 선교적 교회는 기독교 국가 이후의(Post-Christendom) 포스트모던화가 된 사회, 세계화된(globalized) 전 세계의 상황에 참여하기 위해 보내심을 받은 성육신적 사역(an incarnational ministry)으로 끌어들이는 사역(an attractional ministry)과 반대되는 사역이다.

넷째, 선교적 교회의 내적 삶은 선교에 참여하는 제자로 살아가는 모든 신자에게 초점을 맞춘다. 세상에서 이루어지는 하나님의 선교에 참여하기 위해 모든 제자가 양육되어야 한다는 점에서 그들의 영적 성장은 일차적인 관심사가 된다.[2]

제자들의 삶에 있어서 영적 성장과 더불어 하나님의 선교를 그들의 삶의 영역에서 이루어 가는 것이 중요한 초점이다. 이러한 주제들은 선교적 교회의 논의에 중요한 핵심이다. 선교적 교회는 선교와 교회의 관계(relationship between mission and church)를 재해석하고 새롭게 발견하는 작업이다.

또한, 교회의 본래의 모습을 회복하고자 하는 것이 중요한 목적이다.[3] 선교적 교회의 방향은 교회가 선교를 수행하는 하나의 기구나 조직체기 아니라 오히려 교회의

---

2 겔더, 샤일리, 『선교적 교회론의 동향과 발전』, 28.
3 최동규, "통전적 관점에서 본 'missional'의 의미," 323.

본질과 정체성은 선교 그 자체에 있음을 강조하고 있다. 교회는 단순히 선교사를 파송하는 주요 기관 중 하나가 아니다. 교회를 이미 이 땅에서 하나님의 선교를 이루기 위해 보내심을 받은 존재로 이해하는 것이다.[4]

그래서 데이비드 보쉬(David Bosch)는 삼위일체 하나님의 선교(*missio dei*)에 대하여 다음과 같이 설명하고 있다.[5]

> 선교는 하나님의 본성으로부터 발생하는 것이다. 선교는 교회론이나 기독론이 아닌 삼위일체의 교리에서 이해되어야 한다. 성부 하나님이 아들을 보내시고 성부와 성자께서 성령을 보내시는 하나님의 선교(*missio dei*)라는 고전적 의미는 또 다른 운동을 포함하기 위해 확장되었다. 성부, 성자, 성령께서 교회를 세상으로 보내신다는 사실이다.

교회는 복음 증거를 위한 도구로 사용되어야 한다. 하나님은 그리스도의 지체들과 그들의 공동체인 교회를 부르시고 그들을 다시 세상에 파송하신다. 그러므로 교회는 예수 그리스도를 통해 초대받은 모든 사람을 향해 그

---

[4] David J. Bosch, *Transforming Mission: Paradigm Shifts in Theology of Mission* (MaryKnoll, NY: Orbis, 1991). 8.
[5] Bosch, *Transforming Mission*, 390.

분의 상징이 되어야 하고, 증인이 되어야 하며, 삶의 현존이 되어야 한다.

앨런 록스버그(Alan J. Roxburgh)와 프레드 로마눅(Fred Romanuk)은 저서 『선교적 교회의 리더십』(*The Missional Leader*)에서 '선교적 교회'를 다음과 같이 언급하고 있다.[6]

> 선교는 교회에 속한 사람들이(마치 '단기 선교 여행,' '선교 예산' 등의 방식으로 사용하는) 이따금 행하는 프로그램이나 프로젝트가 아니다. 오히려 교회의 본질은 하나님의 선교적 백성이 되는 것이다. 선교는 어떤 프로젝트와 예산, 또는 일회적 이벤트에 관한 것이 아니며, 심지어 선교사를 파송하는 일에 관한 것도 아니다. 선교적 교회는 본질적으로 예수 그리스도 안에서 모든 피조물 가운데, 그리고 그들을 위해 하나님께서 계획하신 것을 드러내는 사례로써 살아가는 하나님의 선교적 백성의 공동체이다.

'선교적'이 된다는 것은 단순히 선교를 잘하는 교회를 의미하지 않는다. 또한, '선교적'은 결코 선교 활동으로

---

6 Roxburgh & Romanuk, *The Missional Leader: Equipping Your Church to Reach a Changing World*, Introduction, XV.

축소될 수 없고 그것은 선교를 행하는 프로그램이나 프로젝트와 동일시될 수도 없다.[7]

앞에서 살펴본 앨런과 프레드의 주장처럼 선교적 교회는 하나님의 백성들이 이 땅에서 하나님 나라를 이루어 가는 선교적 공동체이다. 선교적 교회(missional church)가 전 세계 기독교계에 화두로 떠오르고 있으며 한국에서도 이에 대한 관심이 더해지고 있다. 20세기 중반 이후 '교회 성장'이라는 용어가 수십 년 동안 유행하였다.

최근에 관심을 끌고 있는 선교적 교회는 이머징교회(emerging church)와 더불어 중요한 이슈가 되고 있다. 이 용어들은 서로 다른 강조점을 가지고 있지만, 선교가 기본인 점에서는 공통적이다.

이와 같이 선교적 교회에 대한 관심이 크게 증폭되고 있는 현상은 어쩌면 역설적으로 한국교회가 직면하고 있는 암울한 현실을 반영해 준다.

양적이든 질적이든 성장이 정체되고 사회적 비판에 아무런 대응도 못하는 한국교회의 현실은 우리의 교회가 선교적이지 않음을 방증(傍證)해 주기 때문이다.

선교적 교회에 대한 관심 자체는 희망의 신호로 받아들일 수 있다. "교회는 언제나 끊임없이 개혁되어야 한다."(*Ecclesia Semper Reformanda*)라는 개혁자들의 주장을 생

---

[7] 최동규, "통전적 관점에서 본 'missional'의 의미," 329.

각하면 변화를 추구하는 몸짓은 그 자체로 살아 있다는 증거가 될 수 있기 때문이다.

그런데 많은 목회자와 평신도가 선교적 교회를 정확하게 이해하는 데 힘들어하고 있다. 그것은 어쩌면 지금까지 전개된 선교적 교회에 관한 논의가 지나치게 학문적 차원에 집중되어 있기 때문일 수도 있다. 그리고 학자들마다 그 용어를 다양한 의미로 사용하고 있는 것도 이유가 될 수 있다. 학자들이 이렇게 다양한 의미로 사용하는 것은 그들의 신학적 입장 차이 때문일 것이다.

이런 현상은 '하나님 나라'(the Kingdom of God), 또는 '하나님의 선교'(*Missio Dei*)라는 용어가 다양한 의미로 사용되는 것과 비슷하다. 이렇게 선교적 교회가 여러 가지 의미로 사용되는 만큼 용어를 정확하게 정의하는 일은 쉽지 않다.

그렇다면 선교적 교회는 어떤 교회를 말하는가?

선교적 교회의 선교는 기존 교회의 선교와 어떻게 다른가?

선교적 교회는 분명히 새로운 패러다임(paradigm)의 교회와 선교 개념을 뜻한다. 그러므로 '선교적 교회'와 '선교적 교회의 선교'를 이해하기 위해서는 기존 교회와 기존 교회의 선교를 비교해 보는 것이 좋을 것이다.

기존 교회라는 용어는 쉽게 일반화될 수 있는 말이 아니다. 기존 교회들 중에는 매우 모범적이고 건전한 교회들도 많다. 다만, 여기에서 기존 교회는 선교적 교회를 분명하게 설명하기 위해서 과거의 낡은 패러다임에 속한 교회를 통칭하는 의미로 사용하고자 한다.

1. 선교는 교회의 본질과 개념

선교적 교회는 교회의 존재성, 또는 본질에 초점을 두는 반면, 과거의 낡은 패러다임에 속한 교회는 교회의 행위에 초점을 둔다. 선교적 교회는 선교를 존재의 표현으로 이해하지만, 기존 교회는 선교를 행위로만 이해한다.

선교 활동이나 사업을 많이 하는 교회, 선교와 관련된 프로젝트와 프로그램을 많이 추진하는 교회, 해외에 많은 선교사를 파송하고 그들에게 선교비를 지원하며 때로 여러 단기 선교팀을 파송하는 교회 등이 낡은 패러다임에 속한 교회의 이미지이다.[8] 교회 게시판에는 언제나 후원자들로부터 모인 선교비 모금 현황과 함께 해외 선교사들로부터 온 선교 편지로 넘쳐난다.

그러나 정작 목회자를 비롯해 교회 대부분의 신자는 자신을 선교 후원자라고만 생각할 뿐 자신이 선교사라고 생각하지는 않는다. 그들은 담임목사의 요청에 따라서

---

8 겔더, 『교회의 본질』, 최동규 역 (서울: CLC, 2015), 18-19.

목회를 지원하는 입장에서 선교를 한다. 그들은 정확한 선교에 대한 인식을 갖고 있지 않다. 그러므로 선교 리더십이 그들에게 절대적인 영향력을 갖고 있다.

교회에 대해 여러 가지를 말할 수 있겠지만, 교회는 무엇보다도 선교적 본질을 지닌 하나님의 백성의 공동체라고 말할 수 있다. 이것이 선교적 교회의 핵심이다.

교회가 왜 선교적이어야 하는가?

그것은 교회가 처음부터 선교적 본성을 지니고 있기 때문이다.

참된 교회를 말할 때 네 가지 속성을 언급한다. 통일성, 보편성, 거룩성, 사도성[9]이 그것이다. 그중에서 주목해 봐야 할 것이 사도성이다. 교회는 근본적으로 하나님이 세상을 향해 복음을 전하는 사도적(선교적) 사명을 부여하신 하나님의 백성 그 자체이다. 교회는 건물도 아니고, 조직도 아니고, 프로그램도 아니다. 그러므로 교회는 그 자체로 선교적이어야 한다.[10]

선교적 교회는 선교 행위(doing mission)가 아니라 교회 자체가 선교가 되는 것(being mission)이다. 따라서 교회가

---

[9] 찰스 E. 밴 엥겐, 『하나님의 선교적 교회』, 임윤택 역 (서울: CLC, 2015), 73-76. 찰스 밴 엥겐은 "에베소서에 나타난 지역 교회의 참 모습"을 설명하면서 교회의 통일성, 보편성, 거룩성, 사도성을 설명하고 있다.

[10] 헌터 3세, 『사도적 교회』, 전석재 역 (서울: 대서, 2014). 여기에서 저자는 사도적 교회에 대한 구체적인 설명을 서술하였다.

선교적 정체성을 분명하게 인식하는 것이 중요하다고 생각한다.

앨런 J. 록스버그(Alan J. Roxburgh)와 M. 스콧 보렌(M. Scott Boren)에 따르면 '선교적으로 존재함'(Being missional)은 보다 나은 방식의 '교회 활동'(doing church)에 관한 것이 아니요, '교회' 그 자체에 관한 것이라고 한다.[11]

요하네스 니센(Johannes Nissen)도 선교를 교회 자체로 표현하고 있다.

> 선교는 사랑하고, 섬기고, 전하고, 가르치고, 치유하고, 해방하기 위해 세상 속으로 보내진 교회다.[12]

만약 교회가 단지 '활동,' 또는 '사업'에만 초점을 둔다면 그 '활동,' 또는 '사업'을 하는 동안에만 선교를 행할 뿐 다른 시간과 공간에서는 선교와 상관없이 살아갈 가능성이 크다. 그러나 교회 자체가 선교라면, 그리고 하나님의 백성 자체가 교회라면, 선교는 시간과 공간에 제한받지 않는다. 바로 이 점이 교회가 선교적 본질로부터

---

[11] Alan J. Roxburgh and M. Scott Boren, *Introducing the Missional Church : What It Is, Why It Matters, How to Become One* (Grand Rapids: Baker Books, 2009), 72.

[12] Johannes Nissen, *New Testament and Mission Historical and Hermeneutical Perspectives* (Frankfurt am Main: Peter Lang, 1999), 18.

선교를 이해하고 행해야 하는 이유이다.

선교에 대해 말할 때 'mission'(단수)과 'missions'(복수)를 구분해야 한다. 전자는 주로 세상을 향해 하나님이 자신을 드러내시는 행위, 또는 세상에 개입하시는 하나님의 행위를 의미한다. 반면, 후자는 하나님의 선교에 참여하는 구체적인 시간과 장소, 필요와 관련된 특정 형식들을 가리킨다.[13]

이 두 가지 중 어느 한 가지만 옳다고 말할 수는 없다. 두 가지 모두 중요하고 필요하다. 선교에 대한 시각이 단지 후자의 차원에만 머무를 때 문제가 된다. 그렇게 되면 선교가 사업과 프로그램으로 전락하고 선교는 결국 왜곡될 수밖에 없다. 종종 이런 태도는 선교를 교회 확장에 이용하려는 의도와 맞물리는 경우가 많다. 선교에 대해 한국교회가 직면하고 있는 문제의 하나가 바로 이것이다.

선교적 교회란 교회의 본질로부터 교회의 사역이 비롯되고 교회의 사역으로부터 교회의 조직이 세워지는 교회이다.[14] 여기에서 중요한 점은 이 세 가지의 순서가 결코 바뀌어서는 안 된다는 것이다. 많은 교회가 교회 성장을

---

[13] Bosch, *Transforming Mission*, 10.
[14] Craig Van Gelder, *The Essence of the Church: A Community Created by the Spirit* (Grand Rapids: Baker Books, 2000), 37.

위해 효과적인 사역과 조직에 관심을 갖는다.

프로그램과 비법을 배우기 위해 다양한 세미나를 찾아다니는 현상이 이런 관심을 반영한다. 그러나 아무리 좋은 사역과 조직 기법이라도 교회를 선교적 본질로 이해한 것이 아니면 이러한 방법들은 부작용을 일으키기 쉽다.

어떤 사역을 할 것인가?

그것은 교회가 그 지역과 사회에서 어떻게 선교적일 수 있는지에 대한 깊은 성찰에서 시작된다.

또한, 교회는 어떻게 조직되어야 하는가?

그것은 선택된 사역을 가장 잘 지원할 수 있는 조직 형태를 이뤄야 한다는 전제에서 시작되어야 한다.

1) 선교적 교회의 특성

선교적 교회는 어떤 모습과 특성을 지니고 있는가?
선교적 교회의 특성을 살펴보자.
먼저, "복음과 문화 네트워크"(GOCN)에서 언급한 12가지 특성을 살펴보고자 한다.[15]

① 선교적 교회는 복음을 선포한다.

---

15 Eddie Gibbs, *Church Morph: How Megatrends Are Reshaping Christian Communities* (Grand Rapids, MI: Baker Academic, 2009), 201-202.

② 선교적 교회는 교회의 모든 구성원이 그리스도의 제자가 되어 배움에 동참하는 공동체이다.
③ 선교적 교회는 성경이 교회 생활의 규범이 된다.
④ 선교적 교회는 우리 주님의 삶과 죽음, 부활에 동참하기 때문에 세상과 다르다는 이해를 분명히 한다.
⑤ 선교적 교회는 전체 공동체와 모든 구성원에게 부여하신 하나님의 특별한 선교적 사명이 무엇인지를 식별하려고 노력한다.
⑥ 선교적 교회는 어떻게 그리스도인들이 서로를 향해 행동하는가에 의해 결정된다.
⑦ 선교적 교회는 화해를 실천하는 공동체이다.
⑧ 선교적 교회에 속한 사람들은 서로를 향해 사랑 안에서 신뢰할 수 있는 관계로 존재한다.
⑨ 선교적 교회는 환대(hospitality)를 실천한다.
⑩ 선교적 교회는 예배는 공동체가 하나님의 현존과 하나님이 약속한 미래에 대한 기쁨과 감사를 축제로 나타내는 가장 중요한 행위이다.
⑪ 선교적 교회는 생동감 있는 대중 전도를 실시한다.
⑫ 선교적 교회 그 자체에는 하나님의 통치를 완전히 표현하지 못하는 한계가 있음을 스스로 인식한다.

이와 같이 선교적 교회의 특성을 살펴보면, 실제 사역적인 측면보다 이론적이고 원리적인 차원에서의 논의와 설명을 찾아볼 수 있다. 원리적이고 이론적인 배경을 먼저 설정해야만 실제적인 선교적 교회의 모습과 방향을 설정해 나갈 수 있기 때문이다.

2) 선교적 직무를 수행하는 평신도

선교적 교회는 하나님의 백성 자체가 선교적 본성을 지니고 있기 때문에 그들의 인격과 삶을 선교의 중요한 지평으로 생각한다. 그러나 과거의 낡은 패러다임에 속한 기존 교회는 주로 선교 사업과 프로그램에 초점을 두기 때문에 신자들의 인격과 삶을 선교적 지평에서 배제하는 경향을 보인다.

교회를 뜻하는 '에클레시아'(*ecclesia*)는 결코 건물이나 조직이 아니며 세상 가운데서 구속함을 받은 하나님의 백성 자체를 뜻한다. 그런데 하나님은 교회, 곧 하나님의 백성들에게 선교적 사명을 주셨으며, 하나님의 백성은 교회 안이 아니라 세상 가운데서 살아가고 있다.[16]

그러므로, 진정한 선교는 교회 조직에 의해서 계획된 사업과 프로그램이 아니라 거룩한 하나님의 백성의 삶을 통해 이루어져야 한다는 결론에 이르게 된다.

근대 이후 정치와 종교, 주거 공간과 일터의 분리 현상

---

[16] 엥겐, 『하나님의 선교적 교회』, 254-260.

은 신앙과 삶의 분리를 야기하였다. 그 결과 신앙은 교회 안에서만 추구되는 것으로 여겨졌다. 그러나 선교적 교회는 예수 그리스도께서 주신 선교적 직무가 교회 전체, 곧 하나님의 백성에게 주어졌다는 사실을 재발견함으로써 신앙과 삶의 일치를 추구한다.

선교는 사업과 프로그램이 아니며, 거룩한 하나님의 백성의 삶에서 구현되어야 하는 그 어떤 것이다. 그러니 선교를 교회 조직이 행하는 사업과 프로그램으로만 생각하는 교회는 결코 선교를 신자들의 삶에 연결하지 못한다.

하나님의 백성의 사도직 수행은 신자들이 각자 자신의 삶에서 예수 그리스도의 인격과 삶을 본받고 따르는 제자도(discipleship)[17]를 실천함으로써 가능하다. 따라서 선교적 교회는 진정한 선교를 위해 평신도들이 자신의 삶에서 선교적 직무를 효과적으로 감당할 수 있도록 일깨우고 훈련하는 일에 깊은 관심을 가진다.

예수 그리스도에게서 받은 사도직의 관점에서 보면 성직자와 평신도는 더 이상 차별적으로 구분되지 않는다. 그들은 단지 각자 은사와 기능이 다를 뿐이다. 선교적 교회에서 목사와 평신도는 모두 하나의 선교적 백성에 속한다.

---

[17] 최동규, 『새로운 패러다임의 교회 성장』 (서울: 서로사랑, 2011), 60-61.

3) 지역 사회와의 선교적 소통

선교적 교회는 선교를 지리적으로 구분하지 않는다. 선교적 교회는 지역 사회 또한 선교의 핵심 영역의 하나로 여긴다. 그러나 과거의 낡은 패러다임에 속한 기존 교회는 선교를 주로 해외 선교로만 인식하기 때문에 지역 사회를 향한 선교에는 관심을 갖지 않는 경향을 보인다.

하지만, 오늘날에는 선교에 대한 인식이 많이 달라졌다. 선교를 지리적 관점으로 인식하던 시대는 지나갔기 때문이다. 윌버트 R. 쉥크(Wilbert R. Shenk)는 선교를 이렇게 정의하였다.[18]

> 선교는 더 이상 해외, 혹은 다른 문화권에서 이루어지는 교회의 활동으로 생각하지 않는다. 전방 선교(Frontier Mission)는 일차적으로 지리적인 영역이 아니라 신앙, 확신, 헌신의 영역에 있다.

선교를 지리적인 관점에서 보더라도 자신에게서 가장 먼 땅끝은 자신이 서 있는 바로 옆이 아닌가!

이는 자신이 위치한 바로 그 자리, 교회의 관점에서는

---

[18] Wilbert R. Shenk, *Changing Frontiers of Mission* (Maryknoll: Orbis, 1999), 15.

교회가 위치한 바로 그 지역 사회가 선교의 중요한 현장이라는 점을 일깨워 준다.

사도행전 1:8은 흔히 주님의 선교 명령을 설명하는 근거로 사용된다.

> 오직 성령이 너희에게 임하시면 너희가 권능을 받고 예루살렘과 온 유대와 사마리아와 땅 끝까지 이르러 내 증인이 되리라 하시니라(행 1:8).

이 구절은 선교가 예루살렘으로부터 시작되어야 한다는 점을 분명하게 말해 주고 있다.

그런데 오늘날 한국교회는 과연 얼마나 지역 사회와 선교적 관점에서 교감하고 있는가?

해외 선교나 선교 사업에 집중하는 많은 교회가 정작 지역 사회에서는 외로운 섬과 같이 존재하는 경우가 많다. 이런 관점에서 볼 때 지역 교회에는 선교적 중요성이 더욱 강조되어야 한다. 선교는 성도들 자신의 살아가는 삶의 현장 곧 지역 사회에서부터 시작되어야 한다. 지역 사회의 현장에서 하나님의 백성들이 증인의 삶을 구현시켜 나가야 하는 것이다.[19]

---

[19] 한국선교신학회, 『선교적 교회론과 한국교회』(서울: 대한기독교서회, 2015), 183-185. 최동규는 지역 교회의 선교적 교회를 강조하고 있다.

4) 공적 제자도(discipleship)의 실천

선교적 교회는 복음과 구원의 통합성을 분명하게 인식하고 있기 때문에 복음을 통한 사회적 영향력을 확대하기 위해 노력한다. 그러나 과거의 낡은 패러다임 안에 있는 교회는 단지 개인 구원과 영혼 구원에만 관심을 기울이기 때문에 교회가 세상에서 드러내야 할 복음의 공적 역할에 대해서는 관심을 갖지 않는 경향을 보인다.

4세기에 콘스탄틴교회(Constantine Church)가 확립된 이후 기독교는 복음의 사회적 차원을 상실하였다. 구원의 개념을 단지 개인의 회심으로 제한하는 축소주의적 신앙관이 서구 사회에 만연했고, 제자도(discipleship)는 개인적인 차원에서만 생각되었다. 그러나 하나님의 통치가 단지 교회에 제한되지 않고 세상과 만백성에 미치고 있으며, 그분이 세상의 변화와 구원에 관심을 가지고 있다는 사실은 공적 제자도의 선교적 중요성을 다시 한번 일깨워 준다.

영국의 선교학자 레슬리 뉴비긴(Lesslie Newbigin)이 말한 바와 같이, 교회는 그동안 잃어버렸던 "공적 진리에 대한 우위권, 즉 우리의 사적인 삶과 공적인 삶을 지배해야 할 진리를 천명하는 것"[20]을 회복해야 한다.

---

[20] 뉴비긴, 『변화하는 세상 변함없는 복음』, 260.

이런 의미에서 선교적 교회는 개인 구원에 관심을 기울일 뿐만 아니라 복음의 사회적 영향력을 확대하는 데에도 깊은 관심을 기울여야 한다.

최근에 한국 개신교의 위상은 매우 낮아졌고 신자 수도 줄어들었다. 통계에 따르면 개신교인들의 전도 활동은 전보다 약해지지 않았다. 그럼에도 불구하고 부정적인 현상이 나타나는 것은 복음의 사회적 영향력이 약화된 데서 그 원인을 찾을 수 있다. 그리고 많은 기독교인이 신앙을 개인적인 차원에서만 생각하기 때문이라고 추론해 볼 수 있다. 담임목사직을 세습하고 돈으로 선거를 조작하는 행위를 하면서도, 개인적으로는 철저한 주님의 제자라고 주장하는 사람들의 의식이 이런 문제를 그대로 반영한다.

선교적 교회는 공적 제자도의 실천을 통해 세상을 향한 하나님의 선교를 수행하고자 한다. 그것은 정치, 경제, 문화 등 다양한 삶의 영역에서 하나님의 통치를 실현하기 위한 노력들을 포함한다. 물론 이와 같은 공적 제자도를 실천하는 방식은 자신의 신앙관에 따라 다르게 나타날 수 있다. 그러나, 방법적 다양성보다 중요한 것은 자신이 선택한 방식이 얼마나 성경적 근거들을 가지고 있는지, 그리고 그것을 통해서 얼마나 사회가 복음적으

로 갱신되고 변화될 수 있는지 확인해야 한다.[21]

5) 하나님 나라의 성장을 지향하는 교회

선교적 교회는 하나님 나라의 성장을 지향하는 반면, 과거의 낡은 패러다임 안에 있는 교회는 개교회의 이기적인 성장만을 추구한다.

신약성경에서 예수님의 중요한 메시지 가운데 하나가 하나님 나라지만, 기독교의 오랜 역사에서 그것은 그다지 중요하게 여겨지지 않았다.

근대 이후에 발생한 개신교회들 역시 마찬가지였다. 하나님 나라가 목적이 되지 않고 교회 자체가 목적이 되는 경우가 허다하였다. 이런 현상은 개신교가 개인주의와 자본주의의 작동 원리를 채택하고 있다는 점에서 더욱 분명하게 나타났다. 그 결과, 각 지역 교회가 보다 큰 가치를 지향하기보다는 개교회의 이기적인 성장을 위해 다른 교회들과 경쟁하는 양상으로 이어진 것이다.[22]

신약성경에서 초대교회는 성령의 강력한 역사에 의해 시작되었다. 교회는 성령 하나님의 창조물이었으며 전적으로 하나님의 소유에 속한다. 그리고 그 하나님이 교회

---
[21] 한국선교신학회, 『선교적 교회론과 한국교회』, 187-188.
[22] 헌터 3세, 『사도적 교회』, 42-47.

곧 하나님의 백성에게 선교적 사명을 부여하셨다.

그러므로 "선교는 교회보다 우선한다."[23] 그렇지만 그 선교는 다시 하나님께 속한다. 왜냐하면, 선교를 행하는 주체는 교회가 아니라 하나님 자신이기 때문이다. 성부는 파송하셨고, 성자는 스스로 선교사가 되어 이 땅에 오셨으며, 성령은 능력을 통해 선교를 주도해 가신다. 그러므로 교회는 단지 삼위일체 하나님이 행하시는 선교의 도구이다.[24]

종종 교회 자체가 선교의 주체와 목적이 되는 왜곡 현상이 우리의 현실에 나타난다. 교회가 회심 성장(conversion growth)이 아닌 이동 성장(transfer growth)[25]을 추구하는 사례가 여기에 해당된다. 이런 교회는 하나님 나라의 성장이 아닌 자기만의 성장을 추구한다. 다른 교회야 어떻게 되든 자기 교회만 성장하면 그만이라는 의식이 교회를 지배한다. 또한, 마케팅 전략을 통해 기존 교인들을 끌어들이는 데 사용한다. 이런 교회는 결코 선교적 교회라고 할 수 없다.

---

[23] 레슬리 뉴비긴, 『다원주의 사회에서의 복음』, 허성식 역 (서울: IVP, 1998), 221.
[24] 뉴비긴, 『다원주의 사회에서의 복음』, 221-229.
[25] 헌터 3세, 『사도적 교회』, 55-58. 회심 성장과 이동 성장에 대해서 자세히 설명하고 있다.

6) 성육신적 선교 방식

선교적 교회는 성육신적(incarnational) 방식을 취하는 데 반해서 과거의 낡은 패러다임 안에 있는 교회의 실천은 권위주의적 방식을 취한다. 선교적 교회는 근본적으로 하나님의 선교에 모티브(motif)를 두기 때문에 삼위일체 하나님의 방식에서 선교 모델을 취하는 것이 자연스럽다.

하나님은 자신이 선교사가 되어 이 땅에 성육신하셨다. "말씀이 육신이 되어" 이 땅에 오셨다(요 1:14). 그분은 사람들과 같이 되심으로 자기를 비워 종의 형체를 가지셨으며, 십자가에 죽기까지 자기를 낮추시고 복종하는 모습을 보여 주셨다(빌 2:6-8). 그분이 우리에게 가르쳐 주신 비유에 나타난 소금(마 5:13)과 누룩(눅 13:21)의 역할이 이와 같다.

예수님께서 직접 보여 주신 성육신적 사역의 모델은 두 가지 방식으로 실천되었다.

첫째, 섬김의 방식이다.

예수님께서 이 땅에 오신 목적은 인간을 섬기기 위해서였다. 예수님은 공생애 동안에도 다양한 사역으로 인간을 섬기셨으며, 마침내 십자가를 통해 섬김의 완성을 보여 주셨다. 권력을 추구하며 서로 다투는 제자들에게 주신 말씀(막 10:43-44)과 유월절 전에 제자들의 발을 씻

김으로 보여 주신 주님의 모범(요 13:3-17)은 섬김의 근본적인 자세를 분명하게 가르쳐 준다.

둘째, 약함의 방식이다.

성육신적(incarnational) 사역의 실천 방식은 약함을 통한 선교이다. 선교의 주체가 하나님이심을 인정하는 교회는 겸손할 수밖에 없다. 예수 그리스도가 십자가를 통해 보여 주신 모습이 그러하셨듯이 선교적 교회는 삶과 사역 가운데 약함 가운데 복음의 능력을 드러내며 실천한다. 권위주의적 태도가 아니라 종의 모습으로, 섬기는 자의 모습으로 복음을 전하기를 원한다.[26]

그러나, 선교의 주체가 자신이라고 믿는 교회는 승리주의의 관점에서 자신의 강한 능력을 과시하는 방식으로 행한다. 상대의 입장에서 배려하고 그들의 말에 경청하기보다는 일방적으로 베풀어 주는 시혜적(施惠的) 방식으로 복음을 전한다. 오늘날 한국교회의 문제점 가운데 하나가 여기에 있다. 강한 능력을 과시하는 선교가 한국교회의 승리주의와 물질주의 등 많은 문제를 가져왔다.

그러므로 오늘날의 교회들은 끊임없이 하나님이 원하

---

[26] 최동규, "선교적 실천의 작용과 방식," 「선교신학」 제37집 (2014), 392-393. 여기에서 최동규는 십자가의 정신은 비폭력과 섬김, 희생의 윤리를 통해 비전을 보여 주는 사건임을 강조한다.

시는 선교가 무엇인지, 성육신적 선교 방식을 적용하여 실천하는 것이 선교적 교회의 참모습이고 본질이라는 것을 분명히 알아야 한다. 윌버트 쉥크(Wilbert Shenk)의 말처럼 "선교가 없는 교회는 상상할 수 없다."[27] 물론 선교 없이도 교회에 관해서 말할 수 있지만, 그것은 중세기 교회처럼 복음의 능력이 사라진 교회일 것이다. 에밀 부르너(Emil Brunner)는 교회와 선교의 관계를 불과 불꽃으로 비유함으로써 두 개념 사이의 밀착된 관계를 이렇게 설명하였다.

> 선교는 교회의 원인이고 삶이다. 마치 불이 연소에 의해 존재하듯이 교회는 선교에 의해 존재한다.[28]

그런데 보다 중요한 것은 어떻게 선교를 실천할 것인가이다. 이 점에서 과거의 패러다임에 속한 교회는 오늘의 교회와 선교를 이끌어갈 수 없다. 교회와 선교에 대해서 성경적으로, 신학적으로 적절한 이해가 절실하게 요청된다. 무엇보다도 교회 안에서 선교와 목회 패러다임의 전환이 이루어져야 한다. 생각의 틀이 바뀌고 교회 조직과 구조가 바뀌어야 한다. 선교를 사업과 프로그램으

---

[27] Wilbert Shenk, *Changing Frontiers of Mission*, 15.
[28] Emil Brunner, *The Word and the World* (London: SCM, 1931), 108.

로만 생각하는 과거의 모델에서 선교적 교회의 모델로 변화되어야 한다.

그렇다면 선교적 교회의 태동과 흐름은 무엇인가?

2. 선교적 교회의 역사

선교적 교회는 서구 기독교의 반성에서 시작하였다. 여러 학자들은 서구 기독교의 침체와 영향을 선교적 교회의 생성으로 이해하였는데, 그들 중에 대럴 L. 구더(Darrell L. Guder)는 다음과 같이 설명하고 있다.[29]

> 기존의 전통적인 서구교회들의 신학이나 체계는 모두 선교적이지 않다. 그것들은 모두 기독교 왕국의 유산에 의해 구체화 되었다. … 비록 기독교 왕국의 공식적인 체계는 사라졌지만(북미에서처럼), 그 유산은 "실용적인 기독교 왕국"(functional Christendom)"의 형태로 존재하여 유력한 전통, 사고방식, 그리고 사회적인 체계를 지속시킨다.

---

[29] 대럴 L. 구더, 『선교적 교회: 북미 교회의 파송을 위한 비전』, 정승현 역 (인천: 주안대학원대학교, 2013), 31-32.

21세기에 서구 기독교 세계의 유산은 서구 사회에서 급속히 쇠퇴하고 있으나, 아직도 교회와 신학에는 서구 기독교 세계의 많은 유산이 남아 있다. 여전히 기독교 세계의 사고와 구조를 가지고 있는 교회는 현대 서구 사회와 대화 부재의 상태에 빠지게 되고 더 이상 세상에 대해 이전과 같은 영향력을 줄 수 없게 되었다.

이러한 상황 가운데 많은 서구교회는 그 문제점을 기독교 세계의 영향을 받은 신학이나 교회에서 찾기보다는 단기적이고 가시적인 효과를 위해 교회의 구조나 기능에 변화를 줌으로써 문제를 해결하려고 하였다.

그 결과 서구의 주요 기독교 교단은 교인 수의 극심한 정체와 감소를 경험하고 있다. 본격적으로 선교적 교회를 논의하기에 앞서, 먼저 기독교 세계는 언제, 어떻게 형성되었고, 어떠한 과정을 통해 서구 사회에 절대적인 영향을 미치게 되었는지 살펴보기로 한다. 이러한 연구는 왜 그토록 오늘날 서구의 교회들이 선교적 교회로 거듭나려고 하는지에 대한 이해를 도울 것이다.

1) 선교적 교회의 출발점

기원후 313년 콘스탄틴 황제(콘스탄티누스 1세: Flavius Valerius Aurelius Constantinus)가 '밀라노 칙령'(Edict of Milan)을 통해 기독교를 국가의 유일한 종교로 공인한 후, 거대한 이교도 국가였던 로마는 곧 세계에서 가장 큰 기독교 국가가 되었다. 그리하여 이제 세례는 극히 소수였던 그리스도인만의 종교 의식이 아니라, 새로 태어난 아기에서 장년에 이르기까지 모든 국민이 의무적으로 받아야 할 예식이 되었다. 모든 시민이 그리스도인이 된 것이다.

종교는 정치와 경제, 사회, 그리고 문화와 분리하여 생각할 수 없게 되었고, 교회는 그 중심에 위치하였다. 로마제국의 영토에는 더 이상 이교도가 발붙일 수 없게 되었고 오직 하나님의 백성만이 거주하는 신성한 지역이 되었던 것이다.

이러한 변화는 1세기 초대교회에서는 상상하기 어려운 것이었다. 죽음을 각오하고 신앙생활을 하였던 그리스도인들은 이제 아무런 제약 없이 사회생활을 할 수 있게 되었다. 이와 같이 4세기에 로마제국에서 기독교가 공식적인 종교가 된 이래로 기독교 세계는 무려 1,500여 년간 서구의 모든 삶의 영역에 절대적인 영향을 끼쳤다.[30]

그런데 이렇게 유럽의 사회 전반에 퍼져 있던 기독교는 15세기에 들어서면서 새로운 국면을 맞이하게 된다. 윌버

---

[30] Wilbert R. Shenk, "The Culture of Modernity as a Missionary Challenge," in *Church Between Gospel and Culture: The Emerging Mission in North America*. George R. Hunsberger, Craig Van Gelder, Craig Van Hunsberger (Grand Rapids, MI: Eerdmans Publishing, 1996), 70-71.

트 쉥크는 당시의 상황에 대해 다음과 같이 묘사한다.[31]

> 15세기에 선교의 중요한 변화가 일어났다. 포르투갈과 스페인의 무역 원정 파견과 더불어 교황은 무역 식민지에서 거류하는 유럽인들의 영적인 보살핌과 원주민들 사이에서 선교 사역을 감당하기 위해, 사제들을 포함시킨다는 단서와 함께 포르투갈과 스페인의 왕에게 무역 원정대를 파견할 수 있는 권한을 주었다.

거의 1,000년 동안 유럽 안에서만 안주하고 있었던 유럽의 그리스도인들은 이제 유럽 제국의 식민지 정책과 맞물려 유럽 밖으로 나가게 되는 새로운 상황을 맞이하게 된다. 오랜 침묵의 시간을 깨고 기독교 세계에 살고 있던 그리스도인들에게 비로소 복음을 들어보지 못한 이교도들에게 복음을 전하는 '선교'가 시작된 것이다.[32]

1세기에 사도 바울을 비롯한 소수 그리스도인들에 의

---

[31] Wilbert Shenk, *Write the Vision: The Church Renewed* (Eugene, OR: Wipf and Stock Publishers, 1995), 34.

[32] 로마 가톨릭에서는 수도회와 수도사를 중심으로 선교를 진행하였으나, 그 규모와 범위에서 식민지 시대의 것과는 많이 차이가 있다. 이 부분에 대해서는 Stephen Bevans and Roger Schroeder, *Constants in Context*, 『예언자적 대화의 선교』, 김영동 역 (서울: 케노시스, 2011)의 제2부와 Scott Sunquist, *Understanding Christian Mission: Participation in Suffering and Glory* (Grand Rapids, MI: Baker Academic, 2013), 42-70을 참조하라.

해서 진행되었던 선교가 오랜 세월을 지나 국가의 경제적인 정책을 위한 영토 확장과 더불어 다시 진행되었다. 이로 인해 기독교 세계는 유럽을 벗어나 아시아와 아프리카, 그리고 남아메리카 전 지역으로 확대되기 시작하였다.

특별히 윌버트 쉥크는 1850년에 이르러서 서구의 많은 교회들이 선교를 하나의 의무로 생각하여 기독교 세계인 유럽 이외의 지역에 교회들을 설립하였다고 하였다.[33] 그리고 러프스 앤더슨(Rufus Anderson)과 헨리 벤(Henry Venn) 같은 선교학자들이 기독교 세계의 형태를 벗어난 새로운 교회를 제안했음에도 불구하고 당시에 선교 현장에 설립된 교회의 모습은 여전히 기독교 세계에 존재하는 것과 거의 흡사하였다.[34]

즉, 15세기 이후의 선교는 유럽의 기독교 세계를 선교 현장에 이식하여 확장하고 굳건히 세우기 위한 역할을 충실히 감당했다. 그리하여 기독교 세계인 유럽 대륙 안에서는 선교가 필요 없고 이교도가 살고 있는 유럽 밖에서만 기독교 세계를 형성하기 위한 선교가 진행되었다.

---

[33] Shenk, *Write the Vision*, 34.
[34] Wilbert Shenk, *Changing Frontiers of Mission* (Maryknoll, NY: Orbis Books, 1999), 147.

2) 서구 기독교의 쇠퇴

이와 같이 부적절한 목적으로 진행되었던 선교를 통해 세력을 확장하였던 기독교 세계는 레슬리 뉴비긴(Lesslie Newbigin)에 의하면 17세기 이후부터 쇠락의 길을 걸었다.[35]

> 기독교 세계는 더 이상 존재하지 않고 우리는 그곳으로 돌아갈 수 없다. 17세기의 종교 전쟁은 교회와 사회가 하나로 통합되었던 기독교 세계 체제에 종지부를 찍었다. 18세기부터 유럽은 사람과 세상에 대한 기독교적 이상에서 떠났다.

서구에서 절대적인 영향을 미쳤던 기독교 세계가 어떠한 이유들 때문에 쇠퇴의 길을 걷게 되었는가?

그 모든 요인에 대해 기록하는 것은 이 책의 목적을 넘어서는 것이기에 여기서는 '세속화'(secularization)와 '종교 다원주의'(Religious pluralism)의 영향만을 다루기로 한다.[36]

---

[35] Lesslie Newbigin, *Foolishness to the Greeks: The Gospel and Western Culture* (Grand Rapids, MI: Eerdmans, 1986), 101-102.

[36] 자세한 내용은 J. Brownson, I. Dietterich, B. Harvey, and C. West, *StormFront: The Good News of God* (Grand Rapids, MI: Eerdmans, 2003), 1-9과 D. Guder, 『선교적 교회』 2-3장을 참조하라.

(1) 세속화(secularization)

서구 사회에서 세속화는 계몽주의 이후 지속적으로 나타났다. 사람들은 이전과 같이 신에게 모든 것을 의존하기보다는 이성을 사용하여 스스로 판단하기 시작하였다. 이와 같은 세속화의 과정은 서구에서 과학 혁명이 이루어지면서 더욱 급속히 진행되기 시작한다.

레슬리 뉴비긴은 당시의 상황을 다음과 같이 묘사하였다.

> '자연'이 '하나님'을 대체한 이후로 자연의 법칙을 습득한 과학자가 인간과 새로운 신 사이를 중보할 수 있는 사제가 되었다. 인간들로 하여금 자연을 이해할 수 있게 하고 자신들의 유익을 위해 자연으로부터의 혜택을 누릴 수 있도록 하는 것은 오직 과학을 통해서만 가능하다.[37]

기독교 세계는 서구 사회에서 이성과 과학에 밀려 그 힘을 잃게 되었다. 서구의 일반 사람들에게 종교는 이제 선택의 문제일 뿐이다. 기독교는 더 이상 기독교 세계와 같이 개인, 사회, 또는 국가가 필수적으로 가질 필요가 없다. 오히려 일반인에게 중요한 것은 자연과 과학의 법

---

[37] Lesslie Newbigin, *The Other Side of 1984: Questions for the Churches* (Geneva: WCC, 1983), 11.

칙을 이해하는 것이다. 교회는 과학과 이성 앞에서 설 자리를 빼앗겼고, 교인들은 자연스럽게 교회를 떠나 세속 사회에 거주하는 것을 선택하였다.

이러한 경향은 19세기에 도시화가 이루어지면서 더욱 가속화되었다. 산업 발전을 통해 이전과는 비교할 수 없는 큰 도시가 형성되고 많은 사람이 직업을 위해 도시로 이주하였다. 이러한 상황에서 기독교는 그들에게 적절한 복음을 전하지 못했고, 결과적으로 그들은 세속도시에 정착하게 되었다. 데이비드 W. 쉥크(David W. Shenk)는 19세기 기독교의 가장 큰 불미스러운 일은 도시 노동자들을 잃어버린 것이라고 말하였다.[38]

(2) 종교 다원주의(Religious pluralism)

서구 사회에서 한편으로는 세속화를 통해 종교는 더 이상 일반인들에게 필요치 않게 되었으나, 다른 한편으로는 오히려 이전보다 더 많은 이교도가 출현하여 기독교 세계의 쇠퇴를 부추겼다. 세계교회협의회(WCC)의 사무총장을 29년 동안 역임하였던 비서트 후프트(W. A. Visser't Hooft)는 1970년대에 이미 유럽에 신흥 이교도(Neo-Pagan)가 퍼져 있음을 주장하였다.[39]

---

[38] David W. Shenk, *Write the Vision*, 38.
[39] W. A. Visser't Hooft, "Evangelism among Europe's Neo-Pagans,"

유럽에는 흔히 수치상의 그리스도인들이 많이 존재한다. 그들은 이런저런 이유로 인해 계속해서 교인으로 간주되지만, 사실 그들의 생활은 비기독교적인 신념들에 의해 결정되고 있다. 우리는 신흥 이교도(Neo-Pagan)를 이러한 신념들 가운데에서 발견할 수 있다.

비서트 후프트는 이러한 이교도의 특징을 여섯 가지로 정리하였다.

① 신을 비인격화시키고 삼위일체 하나님을 일원론적 신으로 조정한다.
② 신은 자신을 다양한 방법으로 계시하기에 성경에 나온 사건만이 유일한 것임을 거부한다.
③ 신과 자연을 동일시한다.
④ 삶의 변화보다는 활력을 추구한다.
⑤ 아가페 대신 에로스의 회복을 추구한다.
⑥ 신을 명확한 정의 없이 추상적인 전능자로 표현한다.[40]

이와 같은 신(神) 개념은 전통적인 삼위일체 하나님과 분명히 다르다. 유럽인들은 신을 믿기는 믿되 성경에 계

International Review of Mission, 66(1977), 350.
[40] Hooft, "Evangelism among Europe's Neo-Pagans," 357-360.

시되어 있는 하나님 대신 자신들이 적절히 수정하여 받아들일 수 있는, 그리고 받아들이기 원하는 이교도 신을 만들어 추종한다.

현대 사회에서 종교다원적인 현상은 대중 매체와 이민을 통하여 더욱 가속화되고 있다. 서구 사회에 유입된 다양한 종교들은 혼합화, 서구화, 그리고 실용화 등의 과정을 거쳐 일반인은 물론이고 기독교인에게도 많은 영향을 주고 있다. 그 대표적인 것이 바로 명상(冥想, meditation)이다. 이미 2003년 미국에서는 1천만 명 이상의 성인들이 정규적으로 어떤 형태로든 명상을 하고 있는데, 이는 10년 전보다 2배 이상 상승한 수치이다.[41]

이러한 상황 가운데에서 서구 사회는 기독교를 의무적으로 받아들이기보다는 다른 여러 종교들과 동등하게 취급하게 되었다. 개인의 자유와 선택을 강조하는 서구인들은 이제 종교도 자신들이 선택하기 시작하였고, 결과적으로 서구 사회는 기독교 세계에서 급속히 종교 다원 사회로 변하게 되었다.

대표적인 경우가 루터교(Lutheranism)가 국교인 노르웨이(Norway)이다. 노르웨이에서 새로 출생한 아이들은 거의 모두 유아 세례를 받고 그리스도인이 되지만, 그들이 성인이 되었을 때는 거의 교회에 출석하지 않는 명목상

---

[41] Joel Stein, "Just Say Om," In *Time Magazine*, (4, August 2003), 50.

의 그리스도인이 된다.

비서트 후프트는 오늘날의 서구 사회에서 그리스도인이 계속해서 주일학교 때부터 익숙해진 용어들을 어른이 되어서도 사용하고 있기는 하지만, 일반인에게는 더 이상 의미가 없다고 주장하였다.[42] 기독교 세계의 영향력은 서구 사회의 일반인들에게는 미미할 뿐이다.

종교 다원주의 물결이 영국을 휩쓸자 뉴비긴은 다음과 같이 말하고 있다.[43]

> 다원주의는 지난 30년 동안 서구 세계에 있는 사람들에게는 아주 중요한 것이 되었다. 현재의 세계는 종교적으로 다원적인 곳이 되었다. 지난 30년 동안 유럽인들은 처음으로 그들 가운데 다른 신앙을 가진 많은 사람들과 함께 사는 데 적응하게 되었다. 그들이 힌두교도, 불교도, 시크교도 그리고 무슬림 중 많은 이들이 신앙심이 깊고 경건하다는 것을 발견하는 데는 오랜 시간이 걸리지 않았다.

이 말을 정리하면 서구의 종교 다원주의 사회에서 기

---

[42] W. Hooft, "Evangelism in the Neo-Pagan Situation," *International Review of Mission*, 63 (1974), 84.
[43] 레슬리 뉴비긴, 『다원주의 사회에서의 복음』, 허성식 역 (서울: IVP, 1998), 51.

독교는 다른 종교와 동등하게 취급되었고, 기독교 복음을 받아들이고 기독교인이 되는 것은 선택의 문제로 귀착되었다. 다른 한편으로 서구 사회에서는 이성과 과학이 사물의 판단 기준이 되었고, 그 결과 특정한 신의 도움은 더 이상 필요치 않게 되었다. 자연스럽게 기독교 세계는 그 자리를 잃어버리게 되었고 서구 사회에서 주변으로 밀려나게 되었던 것이다.

3) 선교에 관한 부정적인 유산

세속화와 종교 다원주의와 같은 요인들을 통해 기독교 세계가 오랫동안 가지고 있었던 영향력을 잃어버린 것은 서구 기독교에게 도전이자 기회였다. 왜냐하면, 기독교가 세상에서 영향력을 잃어버릴 수도 있지만, 오히려 그러한 상황은 기독교 세계에서 안주하고 있던 서구의 기독교가 초기 기독교의 역동적인 모습을 회복하는 계기가 될 수 있기 때문이었다.

하지만, 불행하게도 서구의 기독교는 그러한 도전에 적절히 대응하지 못하였다. 기독교는 더 이상 교회가 전 유럽에 퍼졌던 계몽주의 이전의 시대로 회귀할 수 없다. 기독교는 과학과 이성이 지배하고 있는 현대 사회에서 새로운 방향을 모색해야 함에도 불구하고, 오랜 세월 동안 기독교 세계의 틀 안에서 조직되었던 신학과 교회의 유산에서 벗어나지 못하고 있다. 특히 기독교 세계 시대에 성립된 선교에 관한 부적절한 이해는 오늘날까지도 지속적으로 그 영향을 미치고 있다.

(1) 지역적인 구분으로 나눈 오류

기독교 세계가 선교에 관해 남긴 첫 번째 부정적인 유산은 선교를 지역적으로 구분한 것이다. 선교는 모든 시민들이 적어도 명목상 기독교인이었던 기독교 세계 안에서는 필요치 않았고, 오직 유럽 밖에 존재하는 이교도를 회심시키기 위해서만 요구되었다.

기독교 세계 안에서는 명목상 그리스도인을 위한 전도만이 필요할 뿐이었다. 그리고 선교지에서 교회를 세울 때에는 현지의 사정에 적합한 교회를 세우기보다는 기독교 세계에서 형성된 유럽의 교회를 거의 그대로 옮기는 형태로 진행되었다.

이와 같이 선교를 지역적으로 구분하는 기독교 세계의 영향을 받은 교회론은 선교의 필요를 느끼지 못하였다. 적어도 제국주의가 시작된 15세기까지 교회론은 거의 선교 없이 발전되었다. 그러나 기독교는 본래 선교적이었다. 1세기에 선교적이지 않은 기독교는 존재하지 않았다.

칼 E. 브라튼(Carl E. Braaten)은 다음과 같이 말한다.[44]

---

[44] Carl E. Braaten, *That All May Believe* (Grand Rapids: Eerdmans,

신학은 초대교회에서 선교적인 신학으로 출발하였다. 다른 종류는 없었다. 그것은 유대인들과 이방인에게 복음을 전파하는 사역에서 사도적 교회의 근본적인 표현이었다. 신학의 가장 초기 기원은 열방을 향한 사도적 선교의 시작에 그 뿌리를 두고 있다.

그러나 칼 브라튼(Carl E. Braaten)의 주장과는 달리 태어나면서부터 자연스럽게 세례를 받은 로마제국의 시민들에게 선교는 특별히 필요하지 않았다. 그들에게 중요한 것은 기독교 세계 안에 존재하고 있는 교회들뿐이었다. 이와 같은 교회론은 오늘날까지 서구에서 깊이 뿌리를 내리고 있다.

오늘날 서구 사회의 상황은 그들이 과거에 선교하였던 나라들과 별다른 차이가 없다. 아니 오히려 상황은 더 암담하다. 뉴비긴은 1974년에 약 35년간의 인도에서의 선교사 생활을 마치고 영국으로 돌아온 후에 인도 마드라스의 가장 어려운 빈민촌에서조차 찾을 수 있었던 희망을 고국에서는 더 이상 찾아볼 수 없다고 냉소적으로 말하였다.[45]

그럼에도 불구하고 서구의 그리스도인들은 자신들의

2008), 146.

[45] Lesslie Newbigin, *The Other Side of 1984*, 1.

교회가 선교의 대상이 되어야 함을 받아들이기보다는, 여전히 선교는 서구 사회 밖에서 진행되는 것으로 이해하고 있었다. 이러한 부적절한 이해는 서구 기독교와 교회의 문제점을 선교적으로 접근하기보다는 조직이나 프로그램에 변화를 줌으로써 해결하려는 양상을 나타냈다. 이러한 방식은 교회의 본질적인 문제를 도외시한 것으로 또 다른 문제점들을 양산하였다.

(2) 교회를 선교의 주체로 생각한 오류

기독교 세계 교회론의 두 번째 문제는 교회가 선교의 주체가 되는 것이다. 교회는 교회 내부의 여러 가지 프로그램 중의 하나로서 선교를 택할 수 있는 권한을 갖고 있다. 만약 교회가 원하면 선교는 최우선 순위에 둘 수도 있고 원하지 않으면 아예 선교를 하지 않을 수도 있다.

교회의 우선순위는 하나님의 선교가 아니라, 교회 그 자체이다. 교회 자신을 위해 선교가 유익하면 할 수도 있고, 그리 도움이 되지 않는다고 판단되면 언제든지 선교를 뒤로 미룰 수 있다. 이것은 분명히 주객이 전도(顚倒)된 것이다.

선교가 먼저인가 아니면 교회가 먼저인가?

예수 그리스도와 그분의 사도들 그리고 더 나아가서 사도 바울과 그의 동역자들의 삶은 선교적이었고 동시에 순교적이었다. 이 부분에 대해서 윌버트 쉥크는 다음과

같이 말한다.[46]

> 증인이라는 뜻의 '*mavrtu*'(*martus*, 마르튀스)의 뿌리는 증거라는 뜻의 '*martuvrion*'(*marturion*, 마르튀뤼온)에서 나온 것인데, 이것이 바로 오늘날 우리가 '순교'(martyr)라고 부르는 단어이다. 다시 말해, 예수와 초기 제자들에게 하나님 나라를 위해 증인이 되는 것은 복음을 위해 죽음의 위험을 감수한다는 것이다.

사도들에게 있어서 선교가 교회의 여러 프로그램 중의 하나가 된다는 것은 상상할 수 없는 일이었다. 그들의 삶은 선교적이었고 그들의 증언은 순교적이었다. 죽음을 불사하고 땅끝까지 복음을 증거하는 선교적인 삶을 사는 사람들이 모인 곳이 교회였다. 선교가 먼저였고 교회는 선교의 산물이었다. 교회가 선교의 주체가 아니고 선교가 교회를 생성해 내는 근원이었던 것이다.

이러한 초대교회의 모습은 기독교 세계 시대를 거치면서 완전히 퇴색되었다. 선교는 세상에서 절대적인 권력을 가지고 있던 교회의 여러 프로그램 중의 하나로 전락하거나 없어졌다. 중요한 사실은 오늘날 서구 사회에서

---

[46] David W. Shenk, *The Church in Mission* (Scottdale, PA: Herald Press, 1984), 32.

교회는 더 이상 중세시대와 같은 영향력을 발휘하지 못함에도 불구하고, 1세기의 선교적인 모습으로 돌아가지 못한 채 여전히 기독교 세계의 방식대로 선교를 하나의 프로그램으로 조정하고 있다는 사실이다. 이러한 문제점을 인식하고 교회의 본질인 선교를 회복하려는 것이 바로 선교적 교회이다.

4) 선교적 교회의 발전

1952년 빌링겐(Willingen)에서 열린 '세계선교대회'(IMC: International Missionary Council)에서 사람들은 주장하였다.

> 선교의 주체는 교회가 아니라 하나님 자신이며, 교회는 하나님에 의해 파송된 선교사로서 세상에서 그 사명을 감당해야 한다.

또한, 선교의 본질로서 하나님의 선교(mission)와 전도와 교회 개척, 구호와 개발 등의 선교 활동(missions)을 규정하였다. 단수인 "mission"은 본질을 나타내며, 복수인 "missions"은 본질에서 파생된 것으로 정의하고 있다.[47]

---

[47] 김은수, 『현대 선교의 흐름과 주제』 (서울: 대한기독교서회,

존 스토트(John Stott)는 다이크의 하나님의 선교에 대해 다른 관점을 설명해 주었다. 1974년 스위스 로잔(Lausanne) 대회에서 "선교는 하나님의 본성에서 나온 하나님의 활동이다. 살아 계신 성경의 하나님은 파송하시는 하나님이며, 바로 이것이 선교의 의미이다." 또 "하나님은 예언자들을 파송하셨다. 하나님은 그의 아들을 세상에 보내셨다. 따라서 교회의 선교는 하나님의 선교에 근거하고 있으며, 거기에서 형성되었다"[48]라고 보았다.

선교적 교회론에 대한 본격적인 논의는 뉴비긴에 의해서였다. 인도에서 35년간 선교를 마치고 65세에 고국에 돌아온 뉴비긴은 급속한 변화 위에 놓인 영국의 모습에 당황하며 놀라게 되었다. 그는 '복음과 우리 문화'(GOC: Gospel and Our Culture) 프로그램을 만들었다. 또 그는 서구 사회가 선교의 본질을 잃어버렸다고 지적하면서 선교적 본질을 회복하는 운동을 일으켰다.[49]

그 영향을 받아 북미에 뉴비긴을 따르는 신학자들을 중심으로 '복음과 우리 문화 네트워크'(GOCN: Gospel and Our Culture Network)가 형성되었고 이를 통해 선교적 교회

2010), 120.

[48] John Stott, *Alle Welt soll sein Wort hoeren* (Haenssler Verlag Neuhausen -stuttgart: 1974), 8-18.

[49] 겔더, 『선교적 교회론의 발전과 동향』, 최동규 역 (서울: CLC, 2015), 98-99.

론에 대한 논의가 더욱 발전되었다.

GOCN이 눈에 띌 만큼 발전하게 된 것은 '미국선교학회'(American Society of Missiology)의 학술지인 'Missiology'의 1991년 10월호가 계기가 되었다. 10월호에는 그 당시에 생성되고 있었던 복음과 문화 간의 대화가 실려 있었다. 1990년대 초 GOCN은 3개월에 한 번씩 뉴스레터를 발간하고, 일 년에 한 번 정기적으로 회의를 개최하고 있었다. 초기의 관심은 뉴비긴이 제안한 복음과 문화에 대한 질문들에 우선적으로 집중하였다.[50]

GOCN은 서구가 선교의 대상이며, 복음으로 변화되어야 하는 선교 현장이라는 인식의 변화를 일으켰다. 결국, 이러한 변화는 교회의 본질에 대한 물음과 새로운 해석에 대한 필요성을 부각시켰고, 이러한 교회의 본질 회복과 선교적 사명을 감당하기 위한 새로운 관점으로 선교적 교회론이 발전하게 되었다. 그 중심에서 GOCN이 큰 역할을 담당하였다.[51] 대럴 구더(Darrell Guder)를 중심으로 6명의 집필팀이 『선교적 교회』에서 본질적으로 6개의 운동(movement)을 구성하여 논의하였다.[52]

---

[50] 겔더, 『선교적 교회론의 발전과 동향』, 99.
[51] 조해룡, "선교적 교회론 연구-레슬리 뉴비긴, 몰트만, 대럴 구더를 중심으로," 박사학위 논문 (장로회신학대학원, 2011), 201.
[52] 조해룡, "선교적 교회론 연구-레슬리 뉴비긴, 몰트만, 대럴 구더를 중심으로," 104-108.

첫째, 북미교회는 오늘날 극적으로 변화된 상황 속에 있다.

둘째, 선교적 교회의 정체성은 하나님 통치, 곧 예수에 의해 선포된 복음의 좋은 소식에 의해 형성되어야 한다.

셋째, 선교적 교회는 이 세상에서 하나의 대안 공동체로 살아야 한다.

넷째, 선교적 교회는 성령께서 하나님의 통치를 드러내는 공동체들을 육성한다는 사실을 이해해야 한다.

다섯째, 선교적 교회는 선교를 위해 하나님의 백성 모두를 준비시키는 일에 주력하는 지도자를 이끌어나가야 한다.

여섯째, 선교적 교회는 더 큰 교회 안에서 이루어지는 선교적 연계성을 실천해야 한다. 또한, 자신의 삶과 사역을 형성하기 위해 선교적 구조를 발전시켜야 한다.[53]

겔더는 선교적 교회는 본질을 추구하는 것에 초점을 맞추고 있음을 지속적으로 주장하였다. 그는 교단 중심의 전통 교회와 선교적 교회를 다음과 같이 비교하였다.[54]

---

[53] 조해룡, "선교적 교회론 연구-레슬리 뉴비긴, 몰트만, 대럴 구더를 중심으로," 108.

[54] Craig Van Gelder, *The Missional Church and Denominations: Helping Congregations Develop a Missional Identity* (Grand Rapids, MI: Eerd-

교단적이고 조직적인 교회는 교회론보다는 정치적인 문제에 더 초점을 맞춘다. 결국 이러한 특성은 더욱 기능적이거나 조직적인 교단의 실용적인 교회론을 만드는 것에 그친다. 이와는 반대로 선교적 교회에 관한 토의는 교회의 핵심인 본질에 대한 토론을 다시 이끌어 낸다.

 지금까지 살펴본 선교적 교회의 발전을 볼 때, 교회의 본질은 선교라 할 수 있다. 또한, 선교적 교회란 사역보다는 교회의 본질에 초점을 맞추는 것이다. 그러므로 선교적 교회론의 발전은 오늘날 서구교회들이 강조하고 있는 것처럼, 하나님의 선교를 회복하고 선교적 교회로 나아가는 데 그 중심을 두어야만 한다. 그래야 현재의 여러 어려운 상황과 복잡한 문제점을 극복할 수 있기 때문이다.

---

mans, 2008), 42.

제2장

선고적 교회를 위한 패러다임 변화

 현재 세계는 매우 빠른 속도로 변화하고 있다. 폭넓고 빠른 이주 현상은 지리적인 제약에 영향을 받지 않고, 빠르게 변화되고 있다.[1] 리 페이지(Larry Page)는 말하였다.

> 세상은 생각의 속도로 변한다. 매일 아침 눈뜨는 순간 혁신을 생각해야 한다.[2]

 우리가 살고 있는 현시대는 부모들의 세계를 떠올릴 수 없고, 자녀들의 세상은 또 어떠할지 상상하기 힘든 시대이다.
 또 페이지는 다음과 같이 언급한다.

---

[1] 미쉘 포오크 & 가린 밴 리넨 & 더글러스 매콘넨, 『변화하는 내일의 세계 선교』, 박영환, 전석재, 김영남 역 (인천: 바울, 2008), 28-29.
[2] 포오크 & 리넨 & 매콘넨, 『변화하는 내일의 세계 선교』, 29-30.

2초마다 홈페이지가 하나씩 생기고, 30초마다 새로운 상품이 등장한다. 세상의 지식은 18개월마다 두 배씩 증가하고 있고, 과거 5,000년 동안 만들어진 정보보다 지난 30년 동안의 정보와 양이 더 많다.[3]

이것은 단순히 시간적인 차원이 아니라 문화적 시간이라는 범주에서 이해한다면, 오늘날의 10년이라는 시간은 농경 사회나 산업 사회의 100년이나 1,000년보다 변화가 더욱 심하다고 할 수 있다.

오늘날 한국 사회는 급격한 문화의 변화에 따른 가치관의 혼동을 겪고 있다. 제4차 산업 혁명으로 인공 지능과 로봇의 발달과 세계 자유 경제 체제, 그리고 후기 현대주의 포스트모더니즘(Post-Modernism) 현상의 확산으로 오래된 전통적 가치관과 질서가 해체되고 있다. 이러한 현상 가운데 새로운 문화 사조가 나타나고 있다.

하지만, 이러한 시대의 징표와 변화를 해석하는 일은 그리 간단하지 않다. 정확한 통계와 엄밀한 해석 방법을 동원해야 하며, 신학적 통찰과 선교적인 예견이 있어야 한다. 한국교회의 선교가 내일에 대한 준비를 구비하면, 미래의 한국교회는 빠르게 변화해 가는 문화와 사회 속에서 생존하고, 선교적 교회를 만들어 가며, 복음으로 세

---

[3] 포오크 & 리넨 & 매콘넬, 『변화하는 내일의 세계 선교』, 30-31.

상을 변혁해 나갈 것이다.

1. 선교적 교회를 위한 패러다임 변화의 필요성

1) 현대 문화의 급속한 변화

현대 문화에 대한 연구는 "인류의 상황이 점점 복잡해짐에 따라 패러다임(paradigm)의 반감기는 더욱 짧아진다"[4]라는 관찰과 함께 결론을 맺었다. 오늘 새롭고 혁신적인 것이 내일은 낡고 진부한 것이 되고 있는 것이다. 만일 우리의 목회가 새롭고 혁신적인 것에 대한 통찰력이 없다면, 시대의 변화에 대응하지 못하여 도태할 수밖에 없다.

하워드 A. 스나이더(Howard A. Snyder)는 그의 저서 『새 포도주는 새 부대에』[5]에서는 다음과 같이 언급한다.

> 시대와 문화에 따라 복음은 항상 새롭다는 것을 쉽사리 잊어버리는 유혹에 빠져서 복음의 새 포도주를 낡은 가

---

4 레너드 스윗, 『모던시대의 교회는 가라』, 김영래 역 (서울: 좋은씨앗, 2004), 24.
5 하워드 A. 스나이더, 『새 포도주는 새 부대에』, 이강천 역 (서울: 생명의말씀사, 2006), 16.

죽 부대에 담으려고 노력한다.[6]

오래된 관습, 낡은 신조, 잘못된 제도, 의례들은 시간이 지날수록 복음을 자유롭지 못하게 한다. 복음을 위해서 존재하는 것이 결국에는 복음 전도를 방해하게 된다. 여기에서 의미하는 것은 새 부대의 필요성이며, 부대는 영원한 것이 아니기에 시간이 지남에 따라 부대도 바뀌어야 한다.[7] 그것은 복음이 변하기 때문이 아니라 복음 자체가 변혁을 가져오고 변화를 낳는 본질이기 때문이다.

그래서 새 포도주는 새 부대에 담아야 한다. 단 한 번의 바꿈이 아니라 낡아질 때마다 반복하여 바꾸어야 한다. 현대 문화의 급속한 변화 가운데 선교적 교회를 위한 패러다임 전환은 계속해서 일어나야 하는 것이다.

2) 포스트모던 사회와 문화

(1) 포스트모던 사회 현상과 영향
포스트모던(Post-Modern) 문화는 근대 문화로 일컬어

---

[6] 스나이더, 『새 포도주는 새 부대에』, 17.
[7] 권오훈, "하워드 스나이더(Howard A. Snyder)의 선교적 교회론," 「선교신학」 제36집 (2014), 57-58.

지는 모던 문화와 연관지어 설명하는 경우가 있다. 왜냐하면, 포스트(post)라는 접두어는 '-이후'(after)를 뜻한다. 말 그대로 포스트 문화는 모던 문화에 뒤이어서 나타난 문화라는 의미이다.[8]

근대의 전신을 반영하는 모던 문화는 신 중심적인 중세 이후에 등장한 이성 중심의 사고방식에 기초하여 형성되었다. 하지만, 제2차 세계대전 이후에 인간의 이성 중심의 사고가 해체되면서 새로운 가치와 태도를 만들어 내게 되었다. 그런 가치와 삶의 태도에 의해 사회적으로 형성된 것을 포스트모던 문화[9]라고 부르게 된 것이다.

① 교황 중심의 중세시대에는 교회와 기독교 진리가 교황의 전통에 의해 받아들여지던 시대였다. 중세시대는 전도나 기독교 변증이라는 것이 불필요한 시대였다. 기독교 국가의 모든 시민은 거의 예외 없이 기독교인들이었다.

② 종교개혁(宗敎改革, Reformation) 이후, 18세기에 태동된 계몽주의(啓蒙主義, enlightenment)는 이성의 절대적인 권위를 신봉하면서 신앙과 성경의 권위를 상대화시켰다. 그래서 인간 이성의 신봉과 과학 최고

---

8   최동규, 『새로운 패러다임의 교회 성장』, 13.
9   최동규, 『새로운 패러다임의 교회 성장』, 13-14.

주의를 통한 합리주의(合理主義, Rationalism)를 발전시켰다.

③ 19세기에는 과학지상주의 철학이 젊은 세대들에게 합리주의 사고방식을 세뇌시켜 과학적인 판단을 가지고 기독교 신앙의 상대화와 성경의 절대적 권위에 대해 사사건건 시비를 걸었다.[10]

④ 20세기에 등장한 실존주의(實存主義, existentialism) 철학 역시 계몽주의 패턴을 이어받은 인본주의(人本主義, humanism) 철학이었다. 그들은 인간의 자유를 삶의 최고의 가치로 내세우고 신앙을 자신들의 자유를 방해하는 적으로 규정하기 시작하였다.

학자들은 18세기 계몽주의에서 시작하여 20세기 초반까지 현대인의 의식을 사로잡았던 경향을 모더니즘(modernism)이라고 규정한다. 그 당시 기독교는 모더니즘의 공격에 맞서 근본주의(根本主義, fundamentalism)라는 기치 아래 긴 전쟁을 치러야만 하였다.

⑤ 이제 20세기 중반 이후에는 새로운 세계관이 현대인의 의식을 강타하고 있다. 학자들은 이 새로운 경향을 포스트모더니즘(Post-Modernism)[11]이라고 칭한다.

---

10 Eddie Gibbs, *Church Next* (Downers Grove, IL: InterVarsity Press, 2000), 234-235.

11 전석재, "포스트모더니즘과 선교,"「선교신학」제12집 (2006), 175-198. 전석재는 포스트모더니즘의 흐름과 경향, 그리고 특징

포스트모던에 대하여, 마이클 슬래터(Michael Slaughter)는 그의 저서 『미래를 담는 교회』(*Unlearning Church*)에서 다음과 같이 주장하였다.

> 요동치는 바다에서 항해하는 사람은 바람이 새 방향으로 불 때 배의 각도를 바꾸어야 할 필요가 있다. 오늘날 현대인은 계속해서 방향을 바꾸며 몰아치는 대중 문화의 대양 한가운데서 불안감을 느끼고 있다.[12]

에디 깁스(Eddie Gibbs)는 『넥스트 처치』(*Church Next*)에서 이와 같이 말하였다.

> 화살이 시위를 떠나자마자 당신이 조준한 목표물은 그 자리에서 움직여 버리거나 새로운 목표가 예기치 못한 곳에서 튀어나오고 있다. 우리의 발사대는 흔들리고 있다.[13]

그러므로 포스트모던(post-modern)의 영향은 모든 영역

을 상세히 설명하고 있다. 또한, 포스트모던 시대에 선교의 방향을 역설하고 있다.

[12] Michael Slaughter & Warren Bird, *Unlearning Church* (Loveland, CO: Group Publishing, 2002), 51.
[13] Gibbs, *Church Next*, 231-233.

에서 미래에 대한 예측을 불가능하게 만들었고, 불안 속에 새로운 방향을 찾기가 매우 어렵게 되었다. 이러한 포스트모더니즘(Post-Modernism)의 상황 속에서 미래 교회의 방향성을 예측한다는 것은 매우 어렵다. 포스트모던 시대의 중요한 핵심적인 가치를 정확하게 이해하는 것은 교회가 앞으로 나아가야 할 방향을 이해하는 데 도움을 줄 것이다.[14]

(2) 포스트모던 문화의 현상과 영향

포스트모던 문화의 현상으로 21세기 현대인들의 가치관에도 치명적인 변화가 왔다. 포스트모던 문화에 익숙한 사람들은 행복을 위한 헌신을 하지 않는다. 또한, 절대적인 가치를 거부하는 포스트모더니즘은 모든 가치를 상대화시키고 해체시키고 있다. 자신들의 자유를 억압받기 싫어하며, 감성과 감각을 이성보다 더 중요하게 여기며 살아가고 있다.[15]

그 밖에도 포스트모던 문화에서 살아가는 사람들의 핵심적인 가치들은 다양한 모습으로 나타나고 있다.

---

[14] 전석재, 『21세기 세계 선교 전략』 (서울: 대서, 2012), 78.
[15] 전석재, "포스트모더니즘과 선교," 175-176.

① 포스트모던 문화는 모던적(이성적)인 것에 대해 반발하여 감성적이다.

모던 시대의 가치는 이성 중심적이며 논리적으로 설득이 가능하다. 하지만, 포스트모던 문화에서 중요한 것은 감성과 감각이다. 감정과 느낌이 고려되지 않은 상태에서는 이성적으로 타당한 어떤 말을 해도, 아무리 진리를 가지고 이론적으로 설득해도 수용적이지 못하다. 이성적인 것이 전혀 필요 없고 무가치하다는 것은 아니지만, 이성과 논리보다도 훨씬 더 중요한 것이 감성임을 강조하는 것이다.[16]

② 포스트모던 문화는 객관적이고 절대적인 진리를 거절한다.

전석재는 다음과 같이 언급했다.

> 19세기 이전까지는 모든 사람들이 동시에 인정할 수 있는 객관적이요 절대적인 진리를 소유하고 있었지만 이제는 더 이상 그렇지 않다. 이미 절대적인 규범이나 진리를 제거해 버렸기 때문이다.[17]

---

[16] Leonard Sweet, *Post-Modern Pilgrims: First Century Passion for the 21st Century World* (Nashville: Broadman.Holman Publishings, 2000), 82.
[17] 전석재, "포스트모더니즘과 선교," 179-180.

③ 포스트모던 문화는 질서를 부정하면서도 신비한 초월을 추구한다.

포스트모던 문화는 기존 질서를 부정하고, 무너뜨린 질서와 권위들 속에서 인생의 문제에 대한 해답을 얻지 못해 허무해 하며, 해답을 위해 초월적인 힘을 찾기 시작하였다.

그래서 이동원은 말한다.

> 기독교는 부정하지만 포스트모던의 사람들은 신비한 능력과 주술을 활용하는 그런 운동들에 관심을 갖고 매달리는 경향을 보이고 있다.[18]

또한, 그는 포스트모던 문화의 가치에 대해 다음과 같이 주장한다.

> 결과를 기다리기보다는 오늘을 즐기고자 하는 실존적인 모습을 가지고 있다. 모던 시대에 속한 사람들은 어떤 결과를 만들어 내기 위해 자신의 모든 것을 희생할 것을 각오한다.[19]

---

[18] 이동원, "포스트모더니즘의 인간,"「목회와 신학」(2014), 2월호, 52.
[19] 이동원, "포스트모더니즘의 인간," 53.

④ 포스트모던 문화는 오늘을 즐기는 삶의 방식을 지니고 있다.

포스트모던 문화에서는 희생은 강조되지 않고, 자신의 인생을 논하며 오늘을 즐기기 원하는 삶의 방식을 지니고 있다. 그리고 개인을 보전하면서도 공동체를 선망하고 있다. 포스트모던 시대를 살아가는 사람들은 이기적이며 개인주의적인 삶을 추구한다. 하지만, 전석재는 다음과 같이 말했다.

> 너와 나 사이의 경계 때문에 서로의 사이에 생긴 벽으로 심각한 외로움을 경험한다. 그래서 포스트모던 사람들은 공동체에 소속감을 갖고 싶어한다.[20]

⑤ 포스트모던 문화는 공통의 관점보다 맥락에 더 초점을 둔다.

리누 발주(Rinus Baljeu)는 다음과 같이 주장한다.

> 포스트모더니즘은 여러 가지 다양한 맥락에 가치를 부여한다.[21] 그러한 가정하에 모든 관점은 특정한 관점에서 본 시각이라고 할 수 있다. 그 결과 무수한 맥락이

---

[20] 전석재, "포스트모더니즘과 선교," 182.
[21] 전석재, "포스트모더니즘과 선교," 181-2.

탄생한다. 모든 그룹의 사람들은 공통의 '관점'을 찾도록 강요하는 문화이다.[22] 앎은 개인적 차원의 문제가 아니라 한 집단의 경험이다. 우리가 태어나고 동참한 바로 그 집단이 우리가 알고 있고 우리가 알고 있다고 생각하는 것에 막대한 영향을 미친다.[23]

이처럼 포스트모던 문화는 절대적인 진리와 가치를 거부하고 모든 기독교 진리인 복음의 거대담론(巨大談論)을 상대화시키고 해체시키기에 교회와 현대 선교의 강력한 도전이라고 할 수 있다. 그러므로 선교적 교회를 위한 패러다임의 변화의 필요성이 절대적으로 요구되는 것이다.

3) 한국교회의 정체와 쇠퇴 현상

한국교회는 2000년대 이후 정체, 혹은 쇠퇴의 길을 걷고 있다. 한국교회는 자체 교회의 생존의 문제 때문에 교회의 본질적인 사명과 교육과 선교에 대해 깊은 관심을 가지지 못하였다. 윌버트 R. 쉥크는 말하였다.

서구에서는 교회의 위기에 대하여 인정은 하였지만, 선

---

[22] 전석재, "포스트모더니즘과 선교," 183.
[23] 브라이언 맥라렌, 『저 건너편의 교회』, 이순영 역 (서울: 낮은울타리. 2002), 220.

교의 사명을 잃어버린 교회의 위기라기보다는 단지 목회적인 문제로 취급하였다.[24]

한국교회의 사역은 존재론적으로 사회의 거룩성을 회복하지 못하여 사회에서 공적인 능력을 잃어버렸다. 또한, 교회는 급격하게 변화하는 근대 사회의 문제점들에 대해 효과적으로 대응하지 못하였다. 세속화의 시류(時流)에 밀려 교회를 떠나는 사람들이 많아졌지만 교회는 하나님에 대한 의미 있는 초월적 체험을 제공해 주지 못하고, 이탈 교인들이 많아지면서 사회적 공신력의 하락을 초래하였다. 결국, 이것은 복음 전도에 방해가 되고 말았다.[25]

이제는 한국 사회와 서구 사회가 선교 대상지로 인식되기 시작하였다. 현재 서구교회는 정체를 넘어서 쇠퇴를 향해 가고 있다. 한국교회 역시 정체를 넘어 쇠퇴의 길로 변화되고 있다. 한국교회도 시대의 변화에 대처하지 않고 세속화의 물결에 침몰하면 서구교회와 같은 쇠퇴의 위험에 빠지게 될 것이다. 더욱이 신세대들의 정체 현상은 더욱 두드러지고 있다.

---

[24] 이상훈, "하나님 백성의 선교적 사명과 책무," 「선교신학」 제36집 (2014), 168.
[25] 엥겐, 『하나님의 선교적 교회』, 임윤택 역 (서울: CLC, 2014), 60-61.

에디 깁스는 정의한다.

> 북미의 관점에서 건설자 세대(1901-1924년 사이), 침묵의 세대(1925-1942년), 베이비붐 세대(1943-1960년), X세대(1961-1981년), 밀레니엄 세대(1982-현재)로 구분하였다. 밀레니엄 세대(Millennial Generation)를 신세대라고 하고, 일반적으로 N세대(Net Generation)라고도 부른다.[26]

한국 상황에서 2004년 한국 기독교인 구성비에서 21% 이상을 차지하고 있던 청소년들은 2014년 갤럽 조사에서 18% 이하로 떨어졌다.[27] 오늘날 한국교회는 청소년과 청년들을 잃는 위기에 도달하였다. 문화의 급격한 변화와 다음 세대들의 사고의 전환으로 교회는 더 이상 그들의 관심의 대상이 아니며, 오랜 전통의 구시대적 유물로 전락할 위기에 처해 있다.

청소년과 청년들은 흥미로운 컨텐츠와 프로그램, 자유로운 예배 형식과 분위기, 넓은 주차 공간, 구속받지 않는 교회 생활을 원하고 있다. 이런 '다음 세대'를 얻기 위하여 한국교회는 새로운 패러다임으로 전환해야 하며,

---

[26] Gibbs, *Church Next*, 227-230.
[27] 오은국, "청소년을 위한 학원 선교 활성화 방안 연구," 「기독교 교육 정보」 제52집 (2017), 105. 재인용.

다시 리모델링을 해서 다음 세대들에게 인정받아야 할 필요성이 있다.[28]

한국교회는 여전히 활동의 중심을 1955년에서 1964년 사이에 태어난 베이비붐 세대에 맞추고 있다. 1980년대와 1990년대에 부흥한 교회들은 대개 50-60대 이상의 성도들이 주류를 이루고 있다. 이 구성원들은 대부분 40대와 50대, 60대에 속한 그룹이다. 한국교회는 계속적으로 이들을 중심으로 하는 사역에 초점을 두고 있다. 한국교회가 계속 장년 세대에 초점을 맞추게 되면, 다음 세대는 계속적으로 교회에서 이탈하게 된다. 다음 세대는 더 이상 교회를 그들의 삶의 영역에 두지 않고 외면하게 되는 것이다.

오늘날 변화하는 세계관의 지각 변동을 이해하기 위해서 교회는 35세 이하 그룹에 초점을 두어야 한다. 다른 어느 누구보다도 이들이 현대 문화 사조와 흐름에 깊은 관계를 맺고 있기 때문이다. 예수 그리스도는 어제나 오늘이나 내일이나 동일하시지만, 문화와 상황은 계속해서 변하고 있다.

미래를 형성하는 데 있어서 다음 세대가 교회에게 주는 가장 지속적인 충격은 베이비붐 세대에게 던지는 다음과 같은 메시지일 것이다.

---

[28] 이성희, 『미래 목회 대예언』(서울: 규장, 2000), 22.

목표가 단순히 멋있는 음악, 황홀한 드라마 그리고 미디어 공연을 갖춘 대형 교회를 세우는 것이라면, 교회는 본질적인 진정한 목적을 잊고 있는 것이다. 교회의 진정한 목적과 본질은 하나님의 능력으로부터 오는 삶의 변화이기 때문이다.[29]

이처럼 다음 세대들이 바라는 교회의 진정한 목적은 대형 교회를 세우는 것이 아니라, 그들의 진정한 필요를 채워주고 삶을 변화시키는 예수 그리스도의 능력에 초점이 맞추어져야 한다.

4) 교회 조직과 구조의 전환

21세기를 위한 교회에서 '패러다임 전환'이란 어떤 것을 바라보는 새로운 방식을 말한다. 그것은 1960년대 지도를 가지고, 더 이상 21세기의 도시와 고속도로의 구조를 이해할 수 없는 것과 마찬가지이다. 새로운 지도, 이것이 바로 패러다임의 전환이다.

지금 우리가 21세기의 새로운 패러다임을 준비하는 것은 그 소용돌이치는 시대에 교회가 우왕좌왕하지 않고,

---

[29] Slaughter, Warren, *Unlearning Church*, 36-37.

세속화되지 않고, 선교적 교회의 사명을 수행하기 위함이다.[30]

이성희는 종교적 조직에 대하여 다음과 같이 말한다.

> 종교적 조직이란 대체로 목표 지향(goal orientation)으로 시작하여 업무 지향(task orientation)으로 전락하고, 마침내 밑바닥에서 통제 지향(control orientation)으로 타락한다. 이것을 세 가지 조직의 지향, 혹은 조직의 심성이라고 한다.[31]

이러한 관점에서 보면 교회도 마찬가지로 통제 지향으로 바뀌고 있다는 말이다. 조직으로서의 교회의 미래 전망은 어렵다. 미래형 인간은 다른 사람의 눈치를 보지 않고 과감히 통제를 거부하기 때문이다. 따라서 미래형 인간의 교회관은 상당한 변화를 가지고 올 것이며, 조직 교회를 외면할 뿐 아니라 조직이 상대적으로 미비한 교회를 선호하게 될 것이다.[32]

---

[30] J. R Woodward, *Creating a Missional Culture: Equipping the Church for the Sake of the World* (Downers Grove, IL: IVP Books, 2012), 41-42.

[31] 이성희, 『미래사회와 미래 교회』 (서울: 대한기독교서회, 1998), 210-215.

[32] 최동규, "선교적 교회의 관점에서 본 교회," 「선교신학」 제36집,

한국교회는 많은 조직을 거부하는 미래 사회에 적응하기 위하여 교회 구성도 미래지향적으로 변화되어야 한다. 전통 세대의 사고방식을 가진 교회들은 대개 수많은 위원회와 모임들을 갖고 있다. 그러나 깅햄스버그교회(Ginghamsburg Church)는 이미 교회 조직과 구조에서 선교적 교회로 변혁한 대표적인 교회이다.

깅햄스버그교회는 미국 오하이오주의 작은 주변 도시인 팁 시티(Tipp City)에 위치한 미국연합감리교회 소속으로, 담임목사인 마이클 슬로터(Michael Slaughter)는 전 세계에 걸쳐 교회의 변화와 갱신을 촉구하는 선교적 교회를 꿈꾸고 있다. 현재 이 교회는 작은 교외 도시에 세워졌음에도 불구하고 장년 성도가 무려 5,000여 명이나 출석하고 있다.[33]

> 사람들이 수많은 위원회 모임을 가질 시간도 없고 그것을 수용하지도 못한다는 것을 알았기 때문에 9명으로 구성된 리더십 위원회라는 단 하나의 위원회만 만들었다. 교구담당위원회, 선교위원회, 재정위원회 같은 것은 더 이상 존재하지 않는다. 대기업도 하나의 이사회

(2014), 333. 최동규는 "교회는 조직이 아니라 사람이다."를 강조하고 있다. "교회는 함께 예수님을 따르고, 함께 그분의 사명을 수행하며, 세상에 영향을 미치는 예수님의 제자"라고 역설하였다.

[33] Slaughter & Warren, *Unlearning Church*, 40.

로 운영되는데, 작은 교회들은 층층의 위원회로 인해 무력해지고 있다.[34]

현대교회의 구조는 강력한 영적 리더와 능력 있는 팀을 통해 경험되는 사역 '모두'를 포함한다. 1950년대, 1960년대, 그리고 1970년대의 대부분의 교회들은 당회가 이끌었다. 1980년대와 1990년대의 많은 효과적인 모델들은 목회자를 "이것은 나의 방식입니다. 여러분의 방식을 원한다면 다른 교회로 가십시오!"라고 말하는 최고 경영자와 같은 존재로 보았다.

기업가의 CEO(Chief Executive Officer)적인 견해가 영적 성장에 위험한 것은 안락한 삶에 대한 기대를 추구하기 때문이다. 더 이상 성도들의 삶 속에서 예수 그리스도의 증인의 삶이 구체화되지 않는다. 리더십이 조직의 수반인데 기독교인의 삶과 일체가 되지 않아 리더를 따르지 않는다.

하지만, 성경적인 선교 리더십은 목회자를 기업의 CEO로 보는 개념과는 근본적으로 차이가 있다. 선교 리더십은 강력한 영적인 리더는 명확한 비전과 목표를 향한 강인함을 제공하는 동시에, 리더와 보조를 맞추어 사명을 향한 꿈을 꾸어야 한다. 그리고 그 사명을 발전시키

---

[34] Slaughter & Warren, *Unlearning Church*, 40-41.

고 실천해 나가는 능력 있고 창의적인 기독교인들 그룹과 팀을 이끌어갈 수 있어야 한다.[35]

그러므로 선교적 교회는 사회 문화적 구조(structure)와 틀(framework)이 이해되는 상황을 제시하는 세계화, 급격한 과학 기술의 발전, 포스트모더니즘, 종교 다원주의의 부상, 세계 경제의 혼란 등과 같은 불연속적인 변화가 일어나는 상황에서 교회의 본질을 제시해야 한다. 그리고 그 본질에 근거하여 사역의 방향과 비전을 제시하기 위해 공동체 내에서 대화의 장을 형성하는 능력을 가져야 한다. 선교적 교회의 목적은 교회의 구성원들을 선교적인 하나님의 백성들로 형성하고 구비하는 것이다.[36]

지금까지 선교적 교회를 위한 패러다임 변화가 절대적으로 필요한 이유를 언급하였다. 이제 선교적 교회를 위한 목회 패러다임을 어떻게 전환시킬지를 살펴볼 것이다.

---

[35] Slaughter & Warren, *Unlearning Church*, 47-48.
[36] 최형근, "선교적 교회론의 실천에 관한 연구,"「선교신학」26 (2011), 17-18.

2. 선교적 교회를 위한 목회 패러다임 전환

선교적 교회를 위한 목회 패러다임 전환의 초점은 질적인 성숙한 교회를 추구하고, 성경적 건강한 교회와 관계적 네트워크를 추구하며, 교회가 하고 있는 활동을 넘어서 의미에 초점을 두고 설명하고자 한다.

1) 양적인 성장을 넘어 질적으로 성숙한 교회

혁신과 변화의 환경에서 선교적 교회는 성도들의 '수'보다는 경험의 '질'에 더 초점을 두고, 성공을 숫자만으로 측정하지 않는다. 선교적인 교회는 하나님의 백성들의 변화된 삶에 더 초점을 두고 있다. 1980년대와 1990년대에는 수천 개의 교회들이 교회 성장 개념 중에 하나인 장벽 깨기 모델에 초점을 맞췄었다.

유명한 컨퍼런스(conference)들이 많은 사람들을 대상으로 사역할 때 필요한 관리 기법을 제안해 주었다. 작은 교회들은 200명의 장벽을 돌파하려 하였고, 보다 큰 교회들은 1,000명의 장벽을 돌파하는 방법을 배웠다. 너무나 많은 교회가 질보다는 숫자에 집중하여 그러한 척도를 사용하였다.[37]

---

[37] 맥라렌, 『저 건너편의 교회』, 221.

반면에 선교적 교회의 패러다임은 인간의 기준에 따라 성장하는 것에 초점을 두지 않고, 대신에 어떻게 성도들의 삶을 변화시킬 것인가에 관심을 두며 추구한다.[38]

2) 제자도를 근거로 하는 건강한 교회

선교적 교회의 목회에 대해 최동규는 다음과 같이 말한다.

> 교회의 '성장'보다는 교회의 '건강'에 초점을 둔다. 선교적 교회는 본질적으로 유기체적 공동체이기 때문이다.[39]

건강한 유기체적 공동체는 자연적으로 성장한다. 브라이언 맥라렌(Brian McLaren)은 건강한 교회에 대해 이렇게 주장한다.[40]

> 건강한 교회는 규모 면에서 점점 성장하고 성숙한다. 선교적 교회의 목회는 크기를 넘어서 서로 관계를 맺으며 살아가는 방식을 통해서 변화시키며, 프로그램이

---

[38] 최동규, "선교적 교회의 관점에서 본 교회," 335-337.
[39] 최동규, "선교적 교회의 관점에서 본 교회," 344-345.
[40] 맥라렌, 『저 건너편의 교회』, 222.

나 행사가 사람들을 변화시키지 않는다. 예수 그리스도께 철저히 초점을 두어야 건강하고 성숙한 교회가 될 수 있다.

그러므로 건강한 신앙이 건강한 교회를 세워간다. 건강한 신앙은 그리스도의 제자로 살아가는 삶, 곧 제자도(discipleship)를 추구하는 것이다. 제자도를 근거로 하여 성장하는 교회가 될 때 이를 진정으로 건강한 교회라 할 수 있다.[41]

건강한 교회는 건축, 프로그램, 기술, 미디어, 또는 외적인 환경만으로 바꿀 수 없다. 오히려 건강한 교회는 길 잃은 자들을 찾고, 약한 자들을 강하게 하며, 병든 자들을 치료하고, 상처받은 자들을 싸매 주며, 방황하는 자들에게 더 초점을 두고 사역한다. 건강한 교회는 프로그램이나 큰 건물이 아니라 하나님의 능력과 예수 그리스도를 증거하는 공동체인 것이다.

3) 활동을 넘어서 의미 찾기

선교적 교회는 사람들을 '활동'이 아니라 '의미'와 연결하는 데 초점을 맞춘다. 오늘날 현대인들은 교회의 '모

---

[41] 최동규, 『새로운 패러다임의 교회 성장』, 59-60.

임'보다 '삶의 의미'를 훨씬 더 값지게 추구한다. 또한, 현대인들은 다음과 같은 질문을 통해 성공을 측정한다. "사람들이 경험을 통해 어떻게 삶의 변화와 목적을 발견하는가?"

그리고 이어서 "그것은 그들의 관계, 양육 기술, 그리스도인의 증거, 그리고 청지기의 측면에서 어떤 차이를 만드는가?

그리스도의 삶과 관계된 의미론적인 교회의 사역과 선교, 존재론적인 증인의 삶을 구현하는 선교 공동체, 사회와 문화의 영역에서 공적인 제자와 청지기의 삶을 구현하는 하나님의 백성의 선교 공동체를 추구한다. 그래서 목회 조직과 구조에도 패러다임 변화를 가져오는 결과를 낳았다.[42]

4) 관계적 네트워크 만들기

선교적 교회는 '이데올로기'(Ideologie)보다는 '관계적 네트워크'(network)에 초점을 둔다. 선교적 교회는 사람들을 묶고 연결시키며 네트워크를 가지고 세상을 향하여 성육신적(incarnational)인 삶을 구현해야 한다. 이러한 교회는 성도들 간의 상호 작용을 촉진하며 사람들이 서로

---

[42] Slaughter & Bird, *Unlearning Church*, 73-80.

관계를 맺도록 도와준다. 이러한 교회는 선교 운동의 가치에 의해 교회 리더가 형성되도록 세워 주고, 리더들은 사람들을 세워 주며, 육성한다.

마이클 슬로터와 워렌 버드는 건강한 교회에 대해 이렇게 말한다.[43]

> 교회 리더의 계발을 최우선으로 해야 한다. 선교 운동의 가능성은 리더의 계발에 있다. 프로그램은 후속 작업을 만들어내지 못한다. … 선교적 교회는 리더가 만들어내는 것이다. 리더가 더 세워지도록 더욱 활동적이고 운동력 있게 움직이고, 그 리더가 재생산을 이끌어내야 한다.

---

[43] Slaughter & Bird, *Unlearning Church*, 81-84.

제3장

선교적 교회를 위한 실천 방식

선교적 교회를 위한 실천 방식에 중요한 관점을 몇 가지로 정리해 보면 다음과 같다.

① 포스트모던 흐름과 문화에서 신비하고 초월적인 것을 추구하는 현대인들에게 더욱 영성적 선교를 강조한다.
② 소셜 네트워크(social network)를 통하여 관계적인 공동체를 형성한다.
③ 모든 교회의 기능을 활용하여 선교한다.
④ 평신도 중심의 선교에 초점을 둔다.
⑤ 지역 사회의 필요를 채워주는 선교를 추구해야 한다.

1. 영성적인 선교

갈수록 현대 사람들의 영성(靈性, Spirituality)에 대한 관심은 증대되고 있다. 왜냐하면, 현대 문화가 과학화하고 생활이 메마르게 되면 영성에 대한 관심이 자연히 증대될 수밖에 없기 때문이다. 영성적인 측면에서 보면 미래의 교회는 주관적 영성이 더욱 강조될 전망이다.

왜냐하면, 고도로 발달된 제4차 산업 혁명과 기술, 그리고 산업은 인간의 삶을 편리하게 하고, 불가능하리라고 생각했던 것을 제공하게 될 것이고, 인간의 과제를 해결해 줄 것이나, 인간의 삶의 방향은 유토피아(utopia-이상향)가 아니라 오히려 디스토피아(dystopia-반이상향)가 될 것이고, 인간의 삶의 질은 하락하게 될 것이기 때문이다.

이런 제4차 산업 혁명 시대는 인간의 필요를 충족시켜 주지 못할뿐더러, 인간은 오히려 더 심한 갈증과 고독을 느끼게 되고, 동시에 욕구 충족을 위한 기능적 대행물을 추구하게 된다.

그래서 최동규는 다음과 같이 말한다.

> 그들의 개인적 필요성에 의하여 영성으로의 회귀가 일어나고, 영성을 사모하는 것은 그 마음속에 종교적인

것 또는 종교성으로 회귀하게 된다.[1]

그러므로, 선교적 교회는 영성을 추구하고 강조해야 하고, 영성 개발에 더욱 관심을 가져야 한다. 선교적 교회는 현대인이 추구하는 영성에 있어 제공자 역할을 해야 한다.

이성희는 다음과 같이 말한다.

> 교회는 영성을 제공할 수 있는 유일한 기관이다. 교회가 건전한 영성을 사회에 제공하지 못하면 사회는 엉뚱한 악령에 사로잡히게 될 것이다.[2]

그래서 이성희는 이와 같이 덧붙였다.

> 선교적 교회는 이단과 사이비가 횡행하고 있다. 영성을 추구하는 현대인들에게 교회가 건강한 영성을 제공하지 못할 것이라고 예측한다. 그러므로 교회는 영성을 상실하지 말아야 하며 사회에 영성을 제공할 능력을 항상 보유하고 있어야 한다.[3]

---

1 최동규, 『새로운 패러다임의 교회 성장』, 29-31.
2 이성희, 『미래 목회 대예언』, 276.
3 이성희, 『미래 목회 대예언』, 276, 277.

이처럼 선교적 교회는 성경적인 건강한 영성을 제공하여 심각한 갈증을 느끼고 있는 현대인들에게 복음적 영성을 제공해 주어야 한다.

2. 소셜 네트워크 적극 활용

선교적 교회의 상황은 지역적인 동시에 네트워크적이다. 사람들은 자신들이 출석하는 교회가 아니라 SNS와 인터넷과 모바일로 접속하는 교회와 더 결속되어 있다. 새로 등장하는 교회는 과학 기술을 이용하는 것을 두려워하지 않는다. 오히려 과학 기술을 하나님에 대한 경험, 진정한 공동체, 그리고 삶의 목적에 사람들을 연결해 주는 이야기들을 전달하기 위한 통로로 여기고 있다.

교회는 사람들이 보다 효과적으로 하나님을 경험하게 하려는 목적에서, 과학 기술의 탁월성에 대해 열정을 가지고 그것의 창조적인 능력을 사용한다. 과학 기술은 성도들의 교회 참여를 극대화시켜 준다.

미국의 깅햄스버그교회(Ginghamsburg Church)는 200개가 넘는 성인 셀 그룹과 웹사이트(website) 상에서의 개별적인 교제 공동체들을 통하여 특별한 하이터치(high touch)를 일으키고 있다. 또 때로는 친구나 동료들의 모습을 '거리에서' 찍은 비디오 장면을 헌금 시간 전에 선

교 현장이라는 이름으로 방영하기도 한다.[4]

이처럼 선교적 교회는 사람들이 환경과 경험을 통해 관계를 맺는 것이 매우 중요하다. 이러한 선교적 교회 환경은 사람들이 자유롭게 전보다 훨씬 친밀하고 깊이 있게 하나님을 경험할 수 있는 환경을 개발한다. 지금은 사람들이 하나님에 대한 설명보다는 하나님을 경험하기를 원하는 영적 시대이다. 그런데 너무나 많은 사람들이 교회에서는 하나님에 대한 경험을 할 수 없다고 생각한다.

하나님의 형상으로 창조되었다는 것은 인간은 다양한 감각을 가진 존재라는 것을 의미한다. 사람들은 모든 감각을 동원할 때 가장 잘 배울 수 있다. 깅햄스버그 교회 담임목사 마이크 슬래터(Mike Slaughter)는 이렇게 말한다.[5]

> 교회의 다음 세대는 경직되고 지적인 면에만 호소하는 것을 피하므로, 우리 교회는 사람들에게 다양한 감각을 통해 하나님을 경험할 수 있도록 해줄 것이다. 우리는 자신의 영적인 필요를 예리하게 인식할 때 하나님과 가장 가까워진다. 교회가 주위의 상황과 경험을 통해 사람들과 접촉할 때, 그들의 필요에 대해 최대한 하나님

---

[4] Slaughter & Bird, *Unlearning Church*, 40-41.
[5] Slaughter & Bird, *Unlearning Church*, 62.

이 채워주신다.

또한, 선교적 교회는 하나님께서 우리를 다양한 감각을 가진 존재로 창조하셨다는 개념에 초점을 두어야 한다. 이것에 대해 마이클 슬로터(Michael Slaughter)는 다음과 같이 말한다.[6]

> 흐름, 연결, 표현, 공동체, 안정, 다면적 학습, 참여, 활동, 공간, 형체와 아이콘과 공예품으로 표현되는 미학, 이 모든 것들이 함께 어우러질 때 사람들은 모든 감각을 통해 하나님을 경험하게 된다.

그러므로 선교적 교회는 사람들이 환경과 경험을 통해서 관계를 맺고, 이 네트워크 관계에서 하나님을 경험할 수 있도록 보다 폭넓게 장을 만들어 주어야 한다.

---

[6] Slaughter & Bird, *Unlearning Church*, 67.

3. 평신도 중심의 선교[7]

지금 베이비붐 세대에 한국교회가 가지고 있던 성직 패러다임(clerical paradigm)은 새로운 세기를 앞두고 평신도 사역의 극대화로 전환되어 가고 있다. 전통적인 한국교회의 목회에서 평신도는 목회자와 종속적 관계에서의 협력자였다. 그러나 선교적 교회의 선교에서 평신도는 목회자와 동일한 위치에 있는 동역자로 생각되고 있으며, 한국교회에는 이러한 인식의 전환이 요구되고 있다.

또한, 평신도 사역을 극대화해야 하며, 평신도 사역을 중심적으로 선교적 교회를 세워나가야 한다. 그러므로 교회에는 성직자에게 의존되어 있던 패러다임을 평신도 중심 패러다임으로 전환하는 것이 선행되어야 한다.

평신도 중심의 교회는 각 사역을 은사 별로 섬기며 봉사할 수 있고, 이로써 선교의 효과를 증대시킨다. 사도 바울은 동역자라는 개념을 목회자들에게뿐만 아니라 평신도와 심지어 여성에게까지 포괄적 의미로 사용하였다.[8]

평신도는 목회자와는 달리 적절한 훈련과 기회가 주어

---

[7] 최동규, "선교적 교회의 평신도를 위한 사도적 이해," 「선교신학」 제41집 (2016), 456-457. 최동규는 한국교회의 평신도의 사도적을 강조하며, 목회자 중심적 구조를 가지고 있다고 지적한다.
[8] 최동규, "선교적 교회의 평신도를 위한 사도적 이해," 464.

진다면 목회에 기여할 수 있는 시간과 에너지와 돈을 아낌없이 투자할 수 있는 교회의 잠재적 자원이다. 목회자는 교회에 영향을 많이 주지만 언제나 유동적이다. 이 위험성에 대해 최동규는 이렇게 말한다.[9]

> 목회자가 교회의 조직을 관리하면 목회자가 떠날 때 교회를 불안정하게 하는 요인이 된다. 그러나 잘 훈련된 평신도는 교회의 리더로서 변함없이 중요한 역할을 할 수 있다. 따라서 선교적 교회는 평신도의 은사를 개발하여 세우는 데 전력을 다하여야 한다.

그러므로 선교적 교회가 되려면 목회자보다는 평신도가 중심이 되어야 하고, 평신도 사역을 더욱 강화하는 교회가 되어야 할 것이다.

4. 지역 사회의 필요를 채워주는 교회

교회성장연구소에서 10년 동안 175개의 한국교회 중 질적-양적 성장을 겸비한 건강한 교회를 대상으로 성장 요인을 분석한 이장석의 연구 결과에 의하면, 지역 사회

---

9 최동규, "선교적 교회의 평신도를 위한 사도적 이해," 467-470.

와 주민의 필요를 채워주는 것이 교회의 규모나 위치에 상관없이 건강한 교회의 핵심 요소를 이룬다는 것을 밝혀냈다.[10] 이들의 공통점은 모두 각자의 지역에 적합한 사역을 해왔다는 것이었다.[11]

> 건강한 교회는 자기 지역 사람들이나 문화를 하나님에 대한 경험, 진정한 공동체, 그리고 삶의 목적과 연결시킨다. 그들은 한 도시 내에서도 철저하게 자기 지역에 적합한 색채를 띠며 다른 집단의 사람들에게 독특한 방식으로 접근한다.[12]

이렇듯 선교적 교회는 자기 중심적 교회관에서 타인에 대한 관심으로 그 패러다임이 바뀌어야 한다. 한국교회는 전도와 사회봉사라는 통전적 선교의 패러다임의 전환으로 본질적인 변화가 일어나야 한다.

전통적인 전도의 관점은 '영혼 구원,' 혹은 '교회 성장'에 초점을 두었다면, 이제 한국교회의 관심은 지역 사회

---

[10] 이장석 "한국교회 10년간 성장 요인 연구 보고서," 「월간 교회 성장」(2003), 1월호, 78.
[11] 한국일, "선교적 교회의 실천적 모델과 원리," 「선교신학」 제36집, (2014), 386- 387. 한국일은 지역 사회를 전도의 대상자로 생각하기 전에 먼저 더불어 함께 살아가는 이웃으로 인식하고 관계를 맺을 것을 역설하였다.
[12] Slaughter & Bird, *Unlearning Church*, 22-23.

와 더불어 공존하며 상생하는 섬김과 봉사의 자세로 지역 사회의 필요를 채워가는 방향으로 전환해야 한다.

지금까지 제2부에서는 선교적 교회를 위한 개념과 역사를 살펴보았고, 또한 선교적 교회를 위한 패러다임의 전환의 필요성과 선교적 교회를 위해서 목회 구조와 조직의 전환이 어떻게 이루어야 하는지를 구체적으로 살펴보았다.

제3부

선교적 교회의 선교 리더십의 이해

제1장

선교 리더십의 개념과 정의

 2008년 3월호 「크리스천 투데이」(*Christian Today*)에 실린 글에 의하면 "선교적 교회"라는 용어가 공식적으로 책의 이름에 명시되어 출간된 것은 『선교적 교회』(*Missional Church: A Vision for the Sending of the Church in North America*)[1]이다. 이후 10여 년이 지난 최근의 시점에서는 이슈와 논쟁이 되고 있다.

 '전통적 교회에서 선교적 교회를 어떻게 만들어야 하는가?'

 '선교적 교회로의 전환을 위한 리더십 변화는 어떻게 이루어져야 하는가?'

 '선교적 교회의 선교 리더십은 무엇인가?'

---

[1] Ed Stetzer, "Missional Church," *Christianity Today* (2008) March, 31.

1. 선교 리더십의 개념

선교는 교회 구성원들이 실행하는 선교 여행이나 선교 예산, 단기 프로젝트, 프로그램을 말하는 것이 아니다. 교회의 본래 모습은 하나님의 선교적 백성의 공동체(God's missionary people community)이다.[2] 선교적 교회는 예수 그리스도 안에서 모든 피조물들 가운데 하나님의 계획과 뜻을 드러내는 하나님의 백성의 선교적 공동체인 것이다.

이러한 관점에서 우리는 중요한 문제 제기를 할 수 있다.

"전통적인 교회의 패러다임에서 신앙생활하는 구성원들을 어떻게 하나님의 선교적 백성 공동체로 변혁(transforming)시킬 수 있는가?"

이렇게 변화(changing)시키기 위해 요청되는 중요한 동인은 무엇인가?

이것이 바로 선교적 리더십이다.

찰스 E. 밴 엥겐은 『하나님의 선교적 교회』에서 선교적 교회의 선교 리더십을 이렇게 설명하고 있다.[3]

선교 리더십은 하나의 연합적 사건(corporate event)이나,

---

[2] 엥겐, 『하나님의 선교적 교회』, 임윤택 역, 278.
[3] 엥겐, 『하나님의 선교적 교회』, 278-279.

하나님의 백성들이 하나님의 소명과 뜻에 따라 세상을 향하여 나가 선교하는 삶을 살아가고, 선교하는 삶의 현장에서 행하시는 하나님의 사역을 보고 세상 사람들이 성령으로 감동되어 동참하도록 지도자들이 영향력을 행사하는 연합된 사건이다.

선교적 교회는 조직 구조나 인간 관계와 역학 관계 속에서 리더십을 정의하지 않고, 오히려 리더십을 선교적 사건으로 이해할 수 있다. 이러한 관점에서 리더가 세상을 향하여 모든 하나님의 백성들이 선교하도록 동원하는 일이 우선 순위이다.[4]

선교 리더십은 믿음의 공동체가 몇몇 사람의 영향력 있는 지도자를 세우고, 그 리더들이 공동체 안에서 하나님의 백성들이 받은 영적 은사들을 잘 발휘할 수 있도록 할 때에 일어나는 '연합적 사건'이다. 이런 리더는 하나님의 백성들이 세상을 향해 선교하기 위해 창의적이고, 비전이 있으며, 적극적이고 긍정적으로 미래를 바라볼 수 있는 안목을 지녀야 한다.[5]

전통적 교회에서의 리더십은 철저히 상하 계급적이

---

[4] 전석재, "미래 세대를 향한 전도 방향과 전략,"「한국기독교신학논총」제96집 (2015), 144.
[5] 엥겐,『하나님의 선교적 교회』, 279.

고 교회와 세상을 철저히 구분하는 이원론적 틀(dualistic framework) 속에서 조명되어 왔다. 그래서 교회의 제도와 조직에 의해서 교회의 비전과 방향이 결정되었고, 사회적 요청과 이에 따른 교회의 역할은 철저히 외면되기도 하였다. 세상으로부터 분리되었지만, 동시에 세상 속에서 빛과 소금의 역할을 감당해야 하는 대(對) 사회적 교회의 리더십은 이미 세상 문화에 휩쓸려 간 지 오래였던 것이다.

이런 상황 속에서 새롭게 부각된 선교 리더십은 철저히 성육신적 리더십(incarnational leadership)과 섬김의 리더십(servant leadership)이다. 즉, 자신을 비워 온 인류의 구원을 완성하신 예수 그리스도의 십자가 리더십(cross leadership)이라고 할 수 있다.[6] 그뿐만 아니라 예수 그리스도의 지상 명령을 이루기 위해 세상 한가운데로 보냄을 받은 사도적 리더십(apostolic leadership)[7] 이기도 하다. 이처럼 선교적 교회의 본질에서 선교적 리더십의 방향(direction)과 형태(form)를 찾을 수 있다.

---

6 임무영, "좋은 리더십에서 위대한 리더십으로,"「복음과 선교」 20(2012), 284.
7 헌터 3세,『사도적 교회』, 전석재 역 (서울: 대서, 2014), 104-105. 조지 헌터는 평신도 사역과 지도자 확산, 사도적 리더십에 대하여 설명하고 있다.

2. 선교 리더십의 정의

선교 리더십을 여러 가지로 정의할 수 있다. 선교 리더십에 대하여 최형근은 다음과 같이 설명하고 있다.[8]

> 선교적 교회의 공동체 형성의 열쇠는 리더십이다. 급속한 사회 문화의 변화에 직면한 교회는 과도기적인 성격을 가질 수 있다. 즉, 교회는 변화의 한가운데 놓여 있다. 이러한 변화의 중심 아래 있는 교회에게 가장 중요한 요소는 리더십이다.
>
> 선교적 교회의 리더십은 사회 문화적 구조(structure)와 틀(framework)이 이해되는 상황을 제시하는 세계화, 급격한 과학 기술의 발전, 포스트모더니즘, 종교 다원주의의 부상, 세계 경제의 혼란 등과 같은 불연속적인 변화가 일어나는 상황에서 교회의 본질을 제시해 주어야 한다. 그리고 그 본질에 근거하여 사역의 방향과 비전을 제시하기 위해 공동체 내에서 대화의 장을 형성하는 능력을 가져야 한다. 리더십은 성령의 은사로써 그 목적은 교회의 구성원들을 선교적인 하나님의 백성으로 형성하고 구비하는 것이다.

---

[8] 최형근, "선교적 교회론의 실천에 관한 연구,"「선교신학」 26(2011), 17-18.

전통적인 교회의 세계관에 근거한 특성들은 리더십의 낡은 모델들(old models of leadership)[9]인 폐쇄된 시스템(closed system)으로서 교회의 건물을 중심으로 사람들을 불러 모으고, 교회와 세상을 구분하는 이원론적인 성향을 보인다. 이러한 구시대의 교회는 관료적이고, 권위적이며, 계층적 리더십의 모습을 갖고 있다.

전통적 교회의 리더십은 교회 구성원의 필요에 지나치게 집중하여 거기에 적절한 프로그램을 개발하는 데 전력하는 경향이 있다. 그러므로 교회의 제도와 조직이 교회의 비전과 방향을 결정하는 결과를 초래해왔다.[10]

선교적 교회의 리더십은 성육신적 리더십, 섬김의 리더십, 즉 약함의 리더십이다. 또한, 세상으로 보냄 받은 사도적 리더십이다. 또한, 선교적 교회의 리더십은 성경적이고, 변혁적인 리더십이며, 교회 본질에서 출발해야 한다.

데이비드 보쉬(David J. Bosch, 1929-1992년)가 지적한 것처럼, '선교,' 또는 '선교적'은 다소 폭넓게 이해되어야 할 필요가 있다. 이 단어들은 교회의 활동(activity)에 초점을 두기보다는 교회의 본질(identity)에 더 많은 무게를 두

---

[9] Roxburgh & Romanuk, *The Missional Leader*, 26-30. 이 책에서는 리더십의 전통적 모델과 새로운 모델을 제시하고 있다.
[10] 최형근, "선교적 교회론의 실천에 관한 연구," 17.

어야 한다고 강조한다. 이 두 단어에 비친 하나님의 모습은 바로 선교적 하나님(missionary God)이다.

선교적 하나님은 구원의 기쁨을 만끽하지 못한 자들의 삶을 변화시켜 하나님의 구원 계획의 도구로 변혁(transformation)시킬 수 있는 살아 있는 소망 그 자체이며, 복음을 전하기 위해 세상에 보내어진 하나님의 백성들을 초대하신 주인(host)의 모습이다.

따라서 "선교적"이란 단어의 의미는 하나님과 교회의 본성(nature)을 묘사한다고 볼 수 있다. 이 "선교적"이란 단어의 정의는 모든 기독교 공동체를 위한 당위성으로서 선교적 상상력(missional imagination)[11]을 이해해야 한다. 따라서 기독교인들의 요청인 선교 리더십을 가져오는 결과를 만들었다.[12]

선교 리더십의 기본적인 개념들은 위에서 언급한 것과 같이 계속적으로 발전되어 오고 있다. 선교적 교회 리더십은 회중들로 하여금 자신들이 하나님의 제자로 부름 받은 사실을 이해하고, 하나님의 복음을 듣지 못한 이들과 함께 복음을 나누도록 구비되어진 하나님의 선교적

---

[11] Roxburgh & Romanuk, *The Missional Leader*, 15-21. 여기서 선교적 리더의 상상력에 대하여 자세히 설명하고 있다.

[12] Bosch, *Transforming Mission: Paradigm Shifts in Theology of Mission*, 9.

백성(God's missionary people)이 되게 하는 것이다.[13] 또한, 창조적이고 구속적인 하나님의 선교에 참여하기 위해 성령 하나님의 능력을 힘입어 가능케 됨을 고백하는 공동체가 되도록 돕고 섬기는 리더십이다.

이러한 관점에서 교회 구성원과 리더들은 선교 리더십의 역량을 나타내야 한다. 급변하는 상황과 불연속인 변화 속에서 선교적 교회를 추구하는 것은 하나님의 백성들에게 도전이며 동시에 기회가 될 수 있다고 생각한다.

이러한 도전과 기회 속에서 선교 리더십이 형성되기 위해서는 어떻게 해야 하는가?

---

[13] 임무영, "좋은 리더십에서 위대한 리더십으로," 286.

제2장

선교 리더십의 기초와 유형

어느 집단을 집단의 목표로 인도하는 것이 리더십이다. 전통적 교회를 선교적 교회로 전환시키는 것이 선교 리더십이며, 이를 위해서는 교회 공동체를 하나님의 집단으로 재구성하는 방법이 전통적 교회에 요구된다. 그렇다면 선교 리더십의 기초와 유형이 무엇인지 살펴보자.

1. 선교 리더십의 기초

앨렌 J. 록스버그(Alan J. Roxburgh)와 프레드 로마눅(Fred Romanuk)은 선교적 리더십을 다음과 같이 설명하고 있다.[1]

---

1   Roxburgh & Romanuk, *The Missional Leader*, 5.

선교적 교회가 무엇인지에 대한 설명뿐만 아니라 구도자 예배(seeker sensitive church, come and see)에서 선교적 교회(go and be church)로의 변혁의 당위성을 언급하고 있다. 이러한 당위성 가운데 가장 중요한 것은 바로 교회 리더들이 선교 리더십을 소유하는 데 있음을 이 책은 강조하고 있다.

록스버그와 로마눅은 교회가 함께 꿈을 꾸고, 선교적 상상력을 경작하고, 변화를 위한 계획을 발전시키며, 그것을 구현하도록 리더들을 도울 수 있는 중요한 체계를 제공해 주고 있다.

이렇게 그들은 선교적 리더십의 중요성을 언급하면서 동시에 단순히 기존에 존재했던 프로그램을 재구성하여 받아들이는 차원을 넘어, 선교를 위한 상상력에 대한 새로운 접근들을 시도하고 있다. 선교 리더십은 하나님의 백성의 공동체 가운데 선교적 상상력을 품게 하고, 이를 세상 가운데 방출할 수 있는 혁신적인 환경(environment)을 경작(cultivating)하도록 하는 것이다.

예를 들면, 호숫가의 오염은 물고기들의 서식지를 파괴하고, 심지어는 생태계의 손실로 인해 인류에게까지 피해를 입히는 결과를 초래한다. 따라서 호숫가를 정화하기 위해서 전문가들은 약품을 투여하기도 하고, 물고기들이 원활한 삶을 살 수 있도록 그들의 서식지 환경을 최대한 그대로 보존하도록 노력할 것이다.

선교 리더십은 특별한 지역에 살고 있는 하나님의 백성들이 하나님의 선교의 도구로서의 삶을 살아가도록 그들이 처한 환경을 경작하고 재창조하도록 돕는 것이다. 이로 인해 선교적 공동체는 하나님의 선교가 이들이 행하는 모든 일과 생활 속에 스며들 수 있도록 하는 데 그 목적이 있다.[2] 선교 리더십은 선교를 위한 하나님의 백성의 선교적 상상력이며, 하나님의 백성들의 삶에서 선교를 재창조하는 일인 것이다.

2. 선교 리더십의 유형

록스버그와 로마눅에 의하면 선교 리더십을 완성해 가는 데는 몇 가지 원리가 있다.

1) 선교적 교회를 위해서 선교적 리더십이 중요한 열쇠

많은 교회 리더는 선교적 교회의 모습을 지향하며 교회의 본질을 회복하려고 노력하지만 한 가지 딜레마에 빠지곤 한다. 그것은 다음과 같은 질문이다.

---

[2] Roxburgh & Romanuk, *The Missional Leader*, 7.

"그럼 어떻게 선교적 교회로 이끌 수 있는가?"(How to actually lead in this new way?)

이 질문에 대해 앨런과 프레드는 선교적 대화(missional conversation)의 필요성을 언급한다. 하지만, 그들은 "성도들의 실제적인 삶에서 그것을 어떻게 행하는지 알도록 도와주는 것은 아무것도 없다"[3]라고 말한다.

2) 대부분의 리더십 모델들은 과거 패러다임들을 재구성한 것

오늘날 많은 리더십에 관한 책을 쓴 저자들의 관심은 선교적 패러다임의 전환을 위한 본질적인 요소에 대해 논의하기보다는 좀 더 좋은 전략을 통해 좀 더 효과적인 결과를 도출하는 데 관심을 두고 있다.[4] 이러한 사회과학적 접근 방식의 리더십을 수용한 많은 교회 리더들에게 나타나는 현상 중 하나는 바로 하나님의 백성들의 공동체에 선교적 상상력을 불어넣어 주고, 이들이 처한 환경을 경작하고 창조하여 하나님의 백성의 공동체로서의 역할을 감당할 수 있도록 하는 성경적 리더십 형성의 기회

---

3 Roxburgh & Romanuk, *The Missional Leader*, 4.
4 임무영, "좋은 리더십에서 위대한 리더십으로," 289-290.

제공을 상실하게 된다는 것이다.[5]

3) 불연속적 변화는 새로운 규범

지금은 모더니즘(modernism)을 지나 포스트모더니즘(Post-Modernism)[6]의 사회 속에서 살고 있다. 과학 혁명과 연관되어 생각해 보면 18세기 모더니즘을 대표하는 과학의 축은 아이작 뉴턴(Isaac Newton)의 세계관이었다. 그의 세계관의 핵심은 세상은 잘 융합되어 있는 기계이고 특정한 법칙에 의해 운영된다고 보았다. 원인이 있으면 그 원인에 맞는 결과가 있었고, 그 결과는 늘 우리가 예상할 수 있는 범주 내에 존재해 왔다. 마치 영어 알파벳 X 다음에 당연히 Y, 그리고 Y 다음에 Z가 이어지는 것처럼 말이다.

이러한 변화를 과학자들은 연속적 변화(continuous change)라고 말한다. 이는 이전에 어떠한 일이 있었는지를 알아냄으로써 다음에 일어날 일을 예상하고 기대할 수 있다는 의미이다.[7]

하지만, 20세기가 지나면서 뉴턴의 세계관은 상대성 이론을 주창한 알베르트 아인슈타인(Albert Einstein)의 세

---

5 Roxburgh & Romanuk, *The Missional Leader*, 4.
6 전석재, "미래 세대를 향한 전도 방향과 전략," 「한국기독교신학논총」145.
7 Roxburgh & Romanuk, *The Missional Leader*, 6-9.

계관에 자리를 내어주고 말았다. 아인슈타인의 세계관은 뉴턴의 과학 세계관에서 강조되었던 '어떤 것들'(things)에 초점을 두는 것이 아니라 관계(relationship) 그 자체에 더 많은 무게를 두었다.

아인슈타인의 상대성 이론은 세상을 하나의 살아 있는 유기체로 보았다. 이는 그 안에서 함께 공생하고, 한 개체가 전체에 연합되지 못할 경우 전혀 예상치 못한 다른 유기체의 모습을 형성함으로써 기존에 존재했던 유기체와 또 다른 관계를 재형성하게 된다는 이론이다.

대표적인 이론 중 하나가 바로 카오스 이론(chaos theory)이다. 즉, 무질서하고 혼돈의 상태에 있는 것으로 보이는 현상들 속에도 질서와 규칙성을 지배하는 논리적 법칙이 존재한다는 이론이다. 임무영은 다음과 같이 주장한다.

> 혼돈 속에서도 여전히 유지되고 있는 질서의 본질을 본다면, 우리는 불연속적 변화(discontinuous change)라고 설명할 수 있다.[8]

이 불연속적 변화는 파괴적이고 때론 우리의 기대와 상상을 뛰어넘는 결과를 나타내 보인다.

이러한 변화는 우리가 세운 가설들(assumptions)에 도전

---

[8] 임무영, "좋은 리더십에서 위대한 리더십으로," 290-291.

을 주는 환경을 창조한다. 결국, 불연속적 변화의 시기에 리더들은 새로운 환경과 상황에 부응하지 못하는 자신들의 리더십 기술과 능력을 발견하게 된다.

그렇다면 이러한 상황에서 리더들은 무엇을 어떻게 해야 하는가?[9]

불연속적인 변화에 대처할 수 있는 리더십이 결국 공동체와 하나님의 백성들을 올바른 방향으로 이끌어간다는 것을 알아야 할 것이다.

4) 회중이 중요한 대상

비록, 회중들이 선교적 교회 공동체로서 탈바꿈되는 과정에서 벗어나기도 하고, 때론 세상과 타협하며 자신들의 존재 의미를 상실하며 살아가기도 하지만, 중요한 점은 그래도 여전히 회중은 선교적 삶(missional life)의 중심이 될 수 있다는 것이다.

하나님은 새로운 미래를 창조하시기 위해 가장 형편이 어렵고 열악한 장소들을 선택하셨다. 성육신을 통해 우리는 하나님의 미래가 단순히 우리가 바라보고 있는 그곳에서 이루어진 것이 아니라, 힘이 없고 외로운 사람들의 삶 속에서 행해진 것을 발견한다.

---

[9] Roxburgh & Romanuk, *The Missional Leader*, 6.

성령 하나님이 은혜를 하나님의 백성의 공동체에 부어주실 때 이 공동체를 통해 역사하실 하나님의 일을 우리는 기대할 수 있다. 이 일을 이루기 위해 교회와 회중들은 자신들의 환경을 개선하고 새롭게 창조하도록 도울 수 있는 리더가 필요한 것이다.[10]

5) '새로운 리더십 체계와 능력' 요청

록스버그와 로마눅은 불연속적 변화에 따른 리더들의 도전이 필요하다고 설명하였다. 사실 전통적인 교육과 훈련 체계 가운데 준비되어왔던 목회자적 리더십(pastoral leadership)이 잘못되었거나 문제가 많은 것은 아니었다. 다만 그것은 불연속적 변화의 상황에서 비효과적이고 때론 도움이 되지 않기도 했다.[11]

선교적 교회의 리더십에서 초점을 두는 것은 바로 상황(context)이다. 교회 구성원들이 처한 상황 속에서 그들이 하나님의 백성들의 공동체로서의 본질을 성도들의 삶 가운데 나타내는 것이 중요한 핵심이다. 따라서 선교 리더십은 교회 구성원들로 하여금 교회가 종교적 상품과 서비스를 받기 위해 모여드는 장소가 되기보다는, 나문

---

[10] Roxburgh & Romanuk, *The Missional Leader*, 9.
[11] 임무영, "좋은 리더십에서 위대한 리더십으로," 291-292.

화 선교사들과 같이 선교적인 삶을 구현하는 실천과 섬김을 배우는 장소가 되어야 한다.

현재 교회는 목회자적 리더십과 선교 리더십 둘 중에 하나의 카테고리(category)를 선택할 수 있다. 하지만 원리는 동일하다. 빠르게 변화하고 있는 불연속적 변화의 상황 가운데, 리더들은 반드시 선교적 상황(missional context) 안에서 교회 구성원들을 이끌어 갈 수 있는 역량들을 발전시키고 배워야 한다.[12]

6) 교회는 유일한 조직

교회는 비즈니스를 하는 기업이 아니다. 그래서 단순한 기계적 조직체와 같이 다루어져서는 안 된다. 하나의 조직체로서 계획을 세우고 이를 달성하기 위한 다양한 프로그램과 자원들을 모아 상품성 있는 결과물을 만들어내는 비즈니스적 사업체가 아니라는 것이다. 교회는 하나님의 백성들로 구성되어 있다. 모든 창조물 가운데, 그리고 모든 창조물들을 위해 일하고 계시는 하나님을 미리 맛보고, 증인으로서의 삶을 살아가도록 형성되고 부름 받은 사람들의 유일한 사회공동체이다.

초기 기독교 공동체가 비종교적인 단어, 에클레시아

---

[12] Roxburgh & Romanuk, *The Missional Leader*, 10.

(ecclesia)를 사용하면서 자신들만의 유일한 삶을 살았던 것처럼, 오늘날 교회도 하나님의 선교적 백성으로서 부름을 받았다는 것을 이해해야 한다. 소명은 단순히 세속적 조직체로부터 언어와 구조를 빌려오는 것을 필요로 하는 것이 아니라, 하나님 나라의 사회적 공동체로서 유일한 상상력의 형성을 필요로 한다.[13]

선교 리더십은 우리의 문화 속에 있는 전략적 계획과 세상의 다양한 모델들이 교회 안에 있는 신실한 증인들을 어느 정도 잘못 인도할 수 있다는 것을 이해해야 한다. 또한, 선교 리더십은 하나님의 백성들이 자신이 처한 환경에서 그들 스스로를 새롭게 형성된 증인으로 인식할 수 있도록 그 환경을 창조하는 데 도움이 되어야 한다. 그리고 불연속적이고 모호함(ambiguity)의 상황 속에서 제 역할을 다할 수 있도록 도울 수 있어야 한다.[14]

지금까지 록스버그와 로마눅의 『선교적 교회의 리더십』(The Missional Leader)을 중심으로 선교적 교회를 위한 리더십 형성을 위한 6가지 중요한 기초와 토양들을 알아보았다. 무엇보다도 선교 리더십을 발전시켜 가는 과정에서 다루어졌던 이 6가지의 선교 리더십의 기초는 선교 리더십의 형성과 유형을 이루는 핵심적인 기반이 된다.

---

[13] Roxburgh & Romanuk, *The Missional Leader*, 13-14.
[14] Roxburgh & Romanuk, *The Missional Leader*, 14.

제3장

선교적 교회의 선교 리더십의 변화와 형성

---

1. 선교적 교회의 리더십의 변화

선교 리더십의 변화는 거의 직선으로 발생하지 않는다. 그것은 목적지를 향해 여행하는 것처럼 바람에 가는 보트 방향의 경로와 유사하다. 앞에서 움직이는 바람을 잡기 위해서 보트는 앞으로 뒤로 움직여야 한다. 안내자가 목적지를 향하여 일반적인 방향의 좋은 감각을 가진다 할지라도, 리더는 바람을 읽는 지식과 현재 목적지에 다다를 수 있는 합리적인 기술이 필요하다. 물론 이는 이상적인 설명일 뿐이고, 현실은 파도에 의해 물 밀듯 어려운 상황이 들이닥치기도 할 수 있기에 현실은 무척이나 다를 수도 있다.[1]

그래서 리더십은 스스로 세워질 수 없다. 리더십은 집

---

1   Roxburgh & Romanuk, *The Missional Leader*, 79.

단에 주어진 목표를 달성하기 위해서 리더가 자신의 권한과 능력을 이용하여 최대한 다른 사람, 혹은 집단에 영향력을 행사하는 과정이다.[2]

출항과 혁신적인 선교적 교회 리더십 사이에는 중요한 차이가 있다. 출항은 이미 목적지를 알고 가지만, 모든 것으로부터 변화하는 선교적 교회는 목적지가 분명하지 않다는 점이다. 전략적 계획의 친숙한 방법과 비전을 둘러싼 구성원의 지지와 사명 선언문은 처음에는 도움이 될 수 있지만, 절대적인 것은 아니다. 혁신하는 선교적 교회의 변화를 위한 과정은 사회적-문화적 상황과 불연속적 변화의 상황 가운데서 진행해 나아가게 된다.

① **목표는 언제나 생각했던 것처럼 진행되지 않는다.**

선교적 교회의 활동과 실제의 모양은 과정의 시작에서 초점을 정하기가 어렵다. 또 지역 교회의 리더들은 출발점에서 선교적 교회를 만드는 활동과 요건을 분명하게 이해하지 못할 수도 있다. 지역 교회를 위한 선교 리더십은 전혀 예측할 수 없는 과정에서 시작될 수 있기 때문이다.[3]

---

2   최동규, 『새로운 패러다임의 교회 성장』, 80.
3   Roxburgh & Romanuk, *The Missional Leader*, 80.

② 리더십의 변화 방법에서 많은 실수를 할 수 있다.

가장 큰 실수는 과거 성공한 경험의 기초 위에서 결과를 예측할 수 있다고 믿는 습관이다. 리더십의 변화 과정은 교회의 구성원들이 적응하기 위해 도전하는 작은 실험과도 같다. 선교 리더십의 변화는 실수와 실험을 통하여 교회 구성원들이 리더십의 적절한 방법을 배우고 적응하는 것이다.[4]

③ 선교 리더십의 목표를 향해 유동적으로 움직여야 한다.

교회의 상황들이 결코 고정적이지는 않기 때문에 선교 리더십의 형식은 유동적일 수밖에 없다. 다음의 내용은 불연속적인 변화의 바다에 출항하는 선교적 교회에 중요한 통찰력을 제공한다.

a. 목표를 얻기 전까지 목적지를 정확하게 예측할 수 없다.
b. 상황과 현실이 수시로 바뀌기 때문에 개입의 방향과 본질은 변화가 계속된다.
c. 리더십은 새로운 기술의 구성과 불연속적인 변화의 항해를 안내하는 능력이 필요하다.[5]

---

[4] 최형근, "선교적 교회론의 실천에 관한 연구," 19.
[5] 최형근, "선교적 교회론의 실천에 관한 연구," 20.

그러므로, 선교적 교회의 리더십은 불연속인 변화의 소용돌이 같은 항해의 바다에서 리더가 하나님 나라의 목표를 향하여 하나님의 백성들을 이끌어 가는 과정이다.

2. 선교 리더십의 형성

선교적 교회의 선교 리더십은 어떻게 형성되는 것인가? 대럴 구더(Darrell L. Guder)의 『선교적 교회』에서는 크게 세 가지로 설명하고 있다.

1) 선교 리더십은 예수 그리스도의 계시에 의해 형성

창조 이전으로부터 감춰져 있던 하나님의 비밀들이 성육신(成肉身) 사건을 통해 예수 그리스도의 삶과 죽음, 그리고 부활의 역사적 사건을 통해 열리게 되었다. 예수 그리스도는 하나님으로부터 부여받은 하늘의 권세를 통해 치유된 공동체(healed oneness) 속으로 모든 것을 가지고 오셨다. 뿐만 아니라 예수 그리스도는 새로운 사회적 실재성(social reality)과 회복된 창조 질서를 형성하셨다.[6]

---

6 구더, 『선교적 교회』, 275.

이러한 측면에서 리더들은 예수 그리스도의 성육신 사건을 통해 이 세상에서 발생되고 있는 복음의 증인과 선포자로서 하나님의 순례 백성의 공동체를 인도할 책임이 있다. 하나님의 통치는 이미 구약시대부터 그 영향력을 미쳤지만, 구체적으로 예수 그리스도의 성육신 사건을 통해 새롭게 드러났으며, 거듭난 하나님의 순례의 공동체에게 부여되었다.

예수 그리스도에게 있어서 하나님 아버지로부터 부여받은 계획과 임무는 이미 형성되었고 완성되었기 때문에 이제는 하나님에 의해 창조되고 보냄을 받은 새로운 교회 공동체에 예수 그리스도가 소유했던 동일한 임무(mission)가 주어지게 된 것이다. 따라서 리더십은 이 새로운 공동체에 부여된 그분의 임무를 이 땅 가운데서 수행함에 있어 매우 중요한 대안이 되었다.[7]

예수 그리스도께서는 양(sheep)[8]에 대해 언급하시며, 복음을 듣지 못하는 자들에게도 복음이 전해져야 하는 당위성을 언급하셨다. 이것은 전적인 목회자적 이미지(pastoral image)이고, 본질적 의미는 바로 사도적 이미지(apostolic image)라 할 수 있다.

예수 그리스도는 오늘 우리에게 명확하게 리더의 기능

---

[7] 임무영, "좋은 리더십에서 위대한 리더십으로," 295.
[8] 구더, 『선교적 교회』, 276.

에 대해 언급하고 있다. 그 중심은 바로 사도적 마인드를 가지고 동일한 사도적 임무를 부여받은 하나님 나라의 공동체로서의 백성을 인도하는 역할이다.

그리고 예수 그리스도는 자신의 사도적 임무가 삼위일체 하나님의 다양성(plurality)과 관계성(relationality)에 의해 가능했음을 언급하고 있다. 그분은 아버지 하나님의 도움이 없이는 감당할 수 없었다. 결국, 성령 하나님의 인도와 성령의 부어 주심을 통해 하나님 나라의 모든 임무를 수행하실 수 있었다. 따라서 하나님 나라의 사도적 본질을 추구하는 리더십은 리더들의 연합과 도움을 통해 가능함을 보게 된다.

2) 선교 리더십은 오순절 이후 성령의 임재를 통하여 형성

오순절 당시, 예수 그리스도의 말씀대로 성령은 하나님의 대안 공동체인 사도들에게 임했고, 이 세상 속으로 부활하신 예수 그리스도를 증거하는 이들에게 동일하게 임했었다. 사도행전 2:4에 기록된 것처럼 사도들의 입에서 자신들의 방언으로 선포된 복음은 사도들을 다양한 문화적 상황들을 통해서 모든 창조물들을 위한 하나님의 구원의 행동을 구현하는 도구(instrument)로, 사인(sign)으로, 그리고 미리 맛보임(foretaste)의 공동체로 변화시킨 성령의 의도였음을 인식할 수 있다. 결국, 선교적 리더십은 세상을 위해 교회의 태동 안에서 성령의 결정적인 일하심을 통해 형성된 것이다.[9]

에베소서 4장에서 사도 바울이 지적하고 있듯이 성령은 교회를 위해 리더들을 세워나갔다. 더 나아가 사도행전에서는 이러한 리더들이 다양한 기능의 역할자임을 언급하고 있다. 이들의 본질적이고 근본적인 역할은 세상을 향한 하나님의 통치의 임재와 예수 그리스도의 진정성(reality)을 증거하는 증인으로서 회중들의 삶을 형성하도록 돕는 것이다.

따라서 어떠한 형태라 할지라도 리더십은 반드시 성령께서 하나님의 통치를 맛보며 앞으로 다가올 메시아적 공동체(messianic community)의 실제를 이 땅 가운데 실현하기 위해 인도하신다는 사실과 각 사람들이 살고 있는 문화적 환경 속에서 선교적 연대 속으로 공동체를 이끌고 나가는 리더십을 준비시킨다는 아젠다(agenda)를 희석하면 안 된다.[10] 교회 공동체로서의 선교적 형태(missional formation), 하나님의 통치의 수행을 통한 선교적 정체성(missional identity), 그리고 하나님의 통치의 대안과 행동들 안에서의 선교적 연대(missional engagement)는 모두가 성

---

9 구더, 『선교적 교회』, 277.
10 구더, 『선교적 교회』, 278.

령의 인도하심 속에 이루어지는 리더십의 기능이라 할 수 있다.

3) 선교 리더십은 종말론의 회복 강조[11]

하나님의 영(spirit)은 종말론적인 미래 속에서 - 이 세상에는 완전히 실현되지는 않았지만 - 하나님의 백성들의 리더십을 인도한다. 종말론은 단순히 세상의 끝만을 이야기하는 것은 아니다. 그것은 하나님의 대안 공동체로서 현재를 초월한 미래에 대한 것이다. 마가복음에서 예수님께서 말씀하셨듯이 하나님 나라가 가까이 왔으며 이미 그 나라는 이 땅의 현실 가운데 존재하고 있는 것이다 (막 1:14-15).[12]

따라서 선교 리더십은 바로 이러한 교회의 종말론적인 상황에서 형성되었다. 윌리엄 J. 아브라함(William J. Abraham)은 선교 리더십과 종말론적 교회의 특성과의 관계를 다음과 같이 설명하고 있다.[13]

초기 기독교 역사에 있어서, 종말론이 이들에게 얼마나

---

[11] 구더, 『선교적 교회』, 278.
[12] 구더, 『선교적 교회』, 278-279.
[13] William J. Abraham, *The Logic of Evangelism* (Grand Rapids: Eerdmans, 1989), 19-38.

많은 변화의 물결을 경험하게 했는가?

이것은 단순히 역사의 지평선을 넘어 초래할 미래의 소망은 아니었다. 그들은 이미 하나님 나라의 통치가 현실화됐고, 이것은 그들의 삶에 새로운 길과 방향, 그리고 힘을 제공했음을 경험하였다. 예수 그리스도 안에서, 새로운 시대의 사건들은 이미 종말의 흐름 속에서 있었다.

그러므로 선교 리더십은 다음과 같은 비전에 의해 준비된 사람들을 통해서 형성된다고 할 수 있다.[14]

> 선교적 리더십을 형성한 리더들은 에클레시아적 형태의 과정을 섬기며 인도하고 … 에클레시아적 선교는 교회의 본질을 실현할 수 있도록 교회를 가능케 하는 것이며, 믿음과 소망, 사랑의 공동체가 되어서 하나님 나라의 모습과 성례(sacrament)를 경험하도록 하는 것이다.

불연속적인 변화 가운데서도 교회의 선교적 리더십의 변화와 형성은 예수 그리스도의 십자가의 사건과 성령의 임재와 종말론적인 회복에 의해 비로소 형성된다.

---

[14] Weter Hodgson, *Revisioning the Church: Ecclesial Freedom in the New Paradigm* (Philadelphia: Fortress, 1988), 98.

제4부

선교적 교회의 선교 리더십의 방향과 과제

제1장

선교적 교회의 선교 리더십 방향

선교 리더십의 방향은 세 가지 방향성을 전제로 설명하고자 한다.

첫째, 리더십의 기본인 섬김의 리더십에 대해서 설명한다.
둘째, 리더십의 동력으로서의 성육신적 리더십을 강조하여 설명한다.
셋째, 리더십의 중심 체제로서의 사도적 리더십을 논의하고자 한다.

이 세 가지 방향성을 통해 선교적 교회의 선교 리더십이 나아가야 할 방향에 대하여 설명하고자 한다.

1. 섬기는 리더십

섬김의 리더십은 무엇인가?

선교적 교회에서 섬김의 리더십을 어떻게 적용할 것인가를 논의해 보고자 한다.

로버트 클린턴(Robert Clinton)은 리더십에 대해서 다음과 같이 말하고 있다.[1]

> 리더십이란 하나님이 주신 능력을 갖춘 하나님의 백성들이 하나님의 특별한 그룹에게 그 공동체를 위하여 하나님의 목적을 향하도록 영향을 미치는 역동적인 과정이다.

이처럼 기독교의 리더십은 하나님의 백성들을 하나님의 목적을 향하여 가도록 영향력을 미치는 것이다. 이때 선교적 교회의 리더십의 방향은 '섬김의 리더십'이다. 섬김의 리더십 모델은 성서에 기초한 구속적이고 선교적인 것이 되어야 한다. 구약에서 보면 대표적인 신학적인 근거는 이사야의 '종'의 모티브에서 찾을 수 있다(사

---

[1] 클린턴, 『영적 지도자 만들기』, 이순정 역 (서울: 베다니, 2014), 17-19.

42:1-4; 49:1-6; 사 50:13-53:12).²

이사야는 하나님의 종의 특징을 예언을 통하여 다섯 가지로 설명하고 있다.

> **첫째**, 하나님께서 인정하시는 사람이다.
> **둘째**, 하나님의 영으로 충만해야 한다.
> **셋째**, 겸손한 사람이다.
> **넷째**, 사랑과 긍휼을 가진 사람이다.
> **다섯째**, 하나님께만 소망을 둔다.³

알프레드 마틴(Alfred Martin)은 그리스도의 특성에 대해 말한다.

> 여호와의 종으로서 이 같은 그리스도의 특성은 이사야서와 밀접한 관계를 맺고 있는 마가복음과 확장하여 사도행전의 교회도 인식하고 있다.⁴

로버트 S. 포겐버그(Robert S. Folkenberg)는 섬김의 리더

---

2 성경의 섬김의 리더십의 근거로 자주 사용되는 성경 구절은 다음과 같다(마 20:25-28; 막 10:42-45; 눅 22:24-30; 요 13:13-17; 사 42:1-3; 빌 2:5-8; 고전 7:22-23; 고전 12:28-31).
3 이사야 42:1-4
4 Alfred Martin, *Isaiah: The Salvation of Jehovah* (Chicago, IL: Moody Press, 1956), 71.

십을 설명하면서 선교적인 의미를 보여 주고 있다.

> 섬김의 리더십은 자신을 다른 사람을 위하여 내주는 것이다. 자신의 의견을 절대적인 것인 양 고수하는 대신에 전체의 유익을 위하여 져주기도 하는 것이다. 자신의 지위, 유익에 관심을 두기보다는 교회의 선교 사명에 더 높은 가치와 관심을 둔다. 우리는 무엇인가가 되려고 부름을 받은 것이 아니라 다른 사람을 섬기라고 부르심을 받았다.[5]

포겐버그의 견해처럼 섬김의 리더십은 예수 그리스도의 정신을 이어받아 타인을 위해서 자기의 것을 희생하고 내어주는 것이다.

1) 예수 그리스도의 섬김의 리더십

(1) 사랑의 섬김

예수께서는 크고자 하는 사람은 다른 사람을 섬기는 자가 되어야 한다고 말씀하셨고(막 10:43), 십자가에 죽기 전날 밤 직접 제자들의 발을 씻겨 주님의 본을 따를 것을

---

[5] Robert S. Folkenberg, "How Do We Measure Sucess?" *Mission Review*, January 13, 1994, 16-18.

모델로 보여 주셨다(요 13:12-17). 예수의 섬기는 리더십은 제자들을 향한 뜨거운 사랑에서 출발하였다.

섬기는 리더십에서 리더는 진정으로 사랑하지 않는 사람들을 진정으로 섬길 수 없다. 제자들이 예수께 충성을 다한 것은 예수께서 제자들에게 보여 주신 참사랑 때문이었다. 예수 그리스도는 심지어 유다의 발도 다른 열한 제자와 마찬가지로 사랑으로 깨끗이 씻겨 주셨다. 자신들을 향한 예수의 심오한 사랑으로 인해 열한 제자는 충성의 끝이 순교라 할지라도 흔들림 없이 그분을 따르게 되었다.[6]

성경에서 말하는 사랑은 감정적인 용어가 아니라 구체적인 행동을 가리키는 실천적인 용어이다. 섬김의 리더십은 바로 예수 그리스도가 보여 준 구체적인 사랑의 행위를 모델로 하여 따라가는 삶의 모습으로부터 출발하는 것이다.

(2) 종으로서의 섬김

예수 그리스도의 리더십은 섬기는 종의 모습을 철저히 실천하셨다. 자신이 직접 어떻게 리더십을 발휘하고 본이 될 수 있는지를 보여 주셨다. 이것은 그 시대의 전통

---

6 블랙커비, 『영적 리더십』, 윤종석 역 (서울: 두란노, 2002), 197-198.

적인 통치 개념과 정반대의 모습이었다. 높은 위치에 있는 리더가 낮은 리더를 섬김으로, 낮은 리더들이 교회 공동체의 하나님의 백성들을 섬길 수 있도록 도와주고, 하나님의 백성들이 세상에 나아가서 세상을 섬기고 선교적인 삶을 살아가도록 도와주었다.[7]

여기에서 세상에 나아가서 선교하는 것이 가장 중요한 우선 순위였고, 세상에서 방황하는 사람들이 가장 중요한 섬김의 대상이었다. 하나님의 백성들은 세상에 있는 상처 받고 소외된 사람들을 선교의 대상으로 삼아 섬겼다. 이렇듯 리더들은 하나님의 백성들을 잘 섬겨야 한다.

(3) 희생의 섬김

무엇보다 예수 그리스도는 자신과 같은 리더들을 세워서 세상을 변화시키기를 원하셨다. 예수 그리스도는 인류를 구원하기 위하여 십자가에서 죽으심으로 자기를 희생적으로 바치는 섬김을 보여 주셨다. 예수 그리스도의 섬김의 리더십의 정점은 십자가 사건이었다. 예수 그리스도는 십자가의 죽으심으로 인류를 향한 '종'과 '진정한 섬김,' '희생'을 보여 주셨다. 부활하신 후 제자들에게 '대위임명령'(The Great Commission)을 위탁하심으로 결국 그가 그의 제자들에게 원하셨던 것은 선교적인 사명

---

[7] 엥겐, 『하나님의 선교적 교회』, 285.

으로서의 섬김이었다(마 28:18-20; 막 16:15).

그러므로 섬김을 통하여 기독교인 리더가 최종적으로 성취하려는 목적은 구속적이고 선교적인 것이다. 섬김은 예수 그리스도의 겸손과 희생의 사역을 실현하는 것이어야 한다. 또한, 섬김의 리더십은 인간의 자기 중심적인 자아 때문에 실천하기가 매우 어렵다. 예수 그리스도의 구속적인 변혁을 이루어 가시는 성령의 역사를 통해서만 섬김의 리더십은 실현될 수 있다.[8]

선교적 교회의 선교 리더십은 예수 그리스도의 십자가와 부활로 형성되었다. 이러한 리더십은 설교나 가르침으로는 한계가 있다. 그래서 대럴 구더는 선교적 교회의 선교 리더십에 대해 이렇게 강조하였다.

> **첫째**, 예수 그리스도의 십자가의 희생과 부활에 의해 형성되었다.
> **둘째**, 오순절 성령공동체의 체험에 의해 형성되었다.
> **셋째**, 종말론적인 긴장에 의해 형성되었다.
> **넷째**, 하나님의 창조의 회복을 드러내고 선포하는 백성들을 형성한다.[9]

---

[8] 전한봉, "섬김의 리더십의 분석과 선교학적 적용,"「선교신학」제 23집 (2010), 203-204.
[9] Gudder, *Missional Church*, 185-188.

예수 그리스도의 십자가의 희생은 섬김의 리더십의 핵심이다.

2) 섬김의 리더십을 위한 리더의 역할

그렇다면 이제 선교적 교회에서 하나님의 백성들이 세상을 향해 섬김의 리더십을 실천하며 이루어 갈 수 있도록 리더가 어떻게 촉진할 수 있는가?
여기에 대하여 엥겐은 다음과 같이 역설하였다.

> 리더십은 하나의 연합적 사건(corporate events)이다. 하나님의 백성들이 하나님의 소명과 뜻에 따라 비전을 가지고 살아가고, 세상을 향하여 나가 선교하는 삶을 살아가며, 세상과 그들이 선교하는 삶의 현장에서 행하시는 하나님의 사역에 성령으로 감동되어 동참하도록 그들을 독려하는 리더들이 영향력을 행사하여 가는 연합된 사건이다.[10]

섬김의 리더십은 믿음의 공동체에서 리더를 세우고, 공동체 안에서 모든 하나님의 백성들이 받은 영적 은사들을 발휘할 수 있도록 할 때 일어나는 '연합적 사건'이

---
10 엥겐, 『하나님의 선교적 교회』, 278-279.

며, 세상을 향하여 섬김의 삶을 구현하도록 돕는 리더십이다.

선교적 교회가 실현하는 선교 리더십은 리더의 역할과 관점의 전환을 요구한다. 진정한 리더는 자신이 중심에 서 있는 것이 아니라 다른 사람을 중심에 서 있게 해야 한다. 리더는 하나님의 백성들의 은사를 세밀히 살피고 배려하고, 그들의 은사와 재능을 발견하여 동기를 부여하고 격려함으로써 하나님의 백성들을 교회와 하나님 나라 활동에 중심에 세워야 한다.[11]

또한, 섬김의 리더십은 권위적이거나 수직적 관계가 아니라 예수 그리스도의 정신처럼 낮아짐과 겸손, 다른 사람들을 섬기며 종이 되는 것을 통하여 실현된다. 이것은 세속적 리더십과 구분되는 하나님 나라의 새로운 모습의 리더십이다. 선교적 섬김의 리더십은 세속적 권위가 아닌 사랑의 섬김으로 인정받는 권위를 통해 하나님의 백성들과 세상에 영향력을 끼치는 것이다.

---

[11] 한국일, 『선교적 교회론의 이론가 실제』 (서울: 장로회신학대학, 2016), 336-337.

2. 성육신적 리더십

1) 화해와 낮아짐의 리더십

선교적 교회가 추구하는 선교 리더십의 중요한 핵심은 성육신적 리더십[12]이다. 말씀이 육신이 되어 세상에 오신 예수 그리스도의 몸이요 지체인 교회는 예수 그리스도의 삶과 사역의 모범을 따라 살아가는 공동체이다.

"예수 그리스도께서 자기를 비워 종의 형체를 가지고 사람들과 같이 되었다"(빌 2:8)[13]라는 말씀에는 성육신의 중요한 사상과 의미가 담겨 있다. 에베소서에는 "예수 그리스도는 우리의 화평이신지라 둘로 하나를 만드사 중간에 막힌 담을 자기 육체로 허셨다"(엡 2:14)라고 기록되어 있다.

예수 그리스도의 성육신은 하나님과 인간 사이의 화목과 그에 따른 연합을 위해 우리의 삶 가운데 들어오셨고, 스스로 낮아지셔서 겸손의 모습을 가지셨다. 바로 선교적 교회는 예수 그리스도의 성육신적 리더십이 절대적으로 요청되고 있다. 그러므로 성육신적인 리더십은 자기

---

[12] 마이클 프로스트, 『성육신적 교회』, 최형근 역 (서울: 새물결플러스, 2016), 271-294. "성육신적 자세를 취하기"를 참조하라.

[13] "케노시스"라고 한다. 하나님이 인간의 몸으로 종의 형체를 가지고 오심. 그리고 죽기까지 복종하신 것을 의미한다.

비움과 순종을 통한 화해의 리더십이며, 낮아짐의 리더십이다.

2) 세상 속에서의 실천 리더십

성육신적(incarnational) 삶의 방식과 리더십이 잘 드러나 있는 것은 예수 그리스도의 중보 기도(요 17:11-19) 가운데 잘 표현되어 있다. 예수께서 하신 기도의 표현 가운데, 제자 공동체 곧 이 세상에 남겨질 신앙 공동체가 세상과 맺을 수 있는 네 가지 관계가 표현되어 있다.

첫째, '세상에' 또는 '세상에서'(in the world, 11절과 13절)
둘째, '세상에 속하지 아니함으로'(of the world, 14절과 16절)
셋째, '세상에서 데려가시기를'(out of the world, 15절)
넷째, 세상에 보내신' 또는 '세상에 보내었고'(into the world, 18절)

여기에서 '세상에'와 '세상에서'는 기독교인들이 세상 안에서 살아갈 수밖에 없는 존재임을 보여 준다. 그리고 '세상에 속하지 아니하며'와 '세상에서 데려가시기를'은 기독교인들이 피해서 살아가야 할 삶의 양식을 의미한다.¹⁴ 예수 그리스도는 남겨질 제자 공동체, 그리고 새롭게 세워질 교회 공동체가 세상 안에 존재하면서 하나님 나라에 대립하는 악하고 왜곡된 문화를 변혁시키기를 하나님의 백성들에게 요구하신다.

성육신적 리더십은 세상 속으로 들어가 예수 그리스도의 삶과 사역, 말씀을 존재론적으로 실천하는 것이다. 예수 그리스도가 변화시키기 위해서 관여했던 세상과의 분리(separation)와 동화(assimilation), 이 양자 간의 긴장 안에서 그분의 섬김을 실천하며 살아야 하는 것이다.¹⁵

이처럼 성육신적 리더십은 교회가 "하나님과 세상 사이의 십자가 위에" 서 있음을 분명히 제시하고 있으며, 하나님의 백성들이 자신들이 처한 삶의 정황 속에서 복음에 대한 공적 증언의 책임을 가지고 살아가야 함을 증언하고 있다.

여기에서 증언은 복음에 대한 선포(proclamation)와 함께 하나님의 통치를 드러내는 현존(presence)을 포함한다. 현존이란 기독교인의 신앙 공동체의 인격적인 삶을 가리키는 말이다. '선포와 현존,' 이 두 가지는 상호 작용하므로 분리하면 안 된다.¹⁶ 성육신적인 리더십은 선포적인

---

14 한국선교신학회, "선교적 교회론의 관점에서 본 교회," 「선교적 교회론과 한국교회」, 186-7.
15 한국선교신학회, "선교적 교회론의 관점에서 본 교회," 186.
16 한국선교신학회, "선교적 교회론의 관점에서 본 교회," 187.

모습과 현존의 인격적인 삶의 태도를 포함해서 드러나게 되기 때문이다.

3) 공동체 속에서의 리더십

성육신적(incarnational)인 하나님의 백성들의 삶은 개인적인 차원과 더불어 공동체적인 차원에서 이루어져야 한다. 그들은 공동체로서 하나님의 통치를 드러내도록 부르심을 받았기 때문이다. 그러므로 하나님의 백성들의 삶과 사명은 다른 곳이 아닌 그들 자신에게서부터 실현되어야 한다.[17] 성육신적인 리더십은 개인적인 삶의 대한 구체적인 행위와 공동체성을 지니고 세상에서 살아가는 현존 가운데 드러나는 것이다.

본래 신약성경의 교회 공동체는 예수 그리스도로부터 받은 신앙과 함께 공동체적이며 성육신적인 선교적 사명을 갖고 있었다. 성육신적 공동체는 세상보다 앞서 하나님의 통치를 경험하였다. 신약성경은 교회를 선교의 수행 기관이 아닌 '선교의 장소,' 또는 '증거의 장소'로 설명하고 있다.[18] 따라서 교회는 하나님 나라는 아니지만,

---

[17] Gudder, *Missional Church*, 103.
[18] 레슬리 뉴비긴, 『다원주의 사회에서의 복음』, 허성식 역 (서울: IVP, 1998), 257.

적어도 하나님 나라를 미리 맛보고 경험할 수 있는 곳이 되어야 한다.

이제 성육신적 리더십은 하나님의 백성들이 그들이 속해 있는 교회 공동체의 담을 넘어 세상에서 그들이 복음을 증언할 수 있도록 세상에 예수의 현존이 이루어지도록 해야 한다. 교회가 증언 공동체로서 세상에서 살아간다는 것은 하나님 나라의 현실을 드러냄으로써 대항 문화를 세상 속에서 창조해 나가는 것을 의미한다.

최동규는 성육신적(incarnational)인 삶과 리더십에 대해서 이렇게 역설하였다.

> 진정한 제자도는 불신자들과 함께 어울려 살아가는 세상 가운데서 실천되어야 한다. 하나님의 관점에서 볼 때, 그 삶의 현실은 결코 거룩하지 않고 완전하지 않으며, 변혁되어야 할 악한 문화의 요소를 상당히 포함하고 있다. 이러한 점에서 성육신 리더십은 세상의 악한 문화와 변혁하는 데 초점을 두고, 하나님의 통치를 드러내는 대안 공동체의 삶을 통해서 드러내야 한다.[19]

성육신적인 삶과 리더십은 세상의 악한 문화와 대항하

---

19 최동규, "선교적 교회론의 관점에서 본 교회," 「선교적 교회론과 한국교회」, 189.

여 하나님의 백성들이 거룩함의 능력을 회복하고, 복음의 해석자로 세상을 변혁해 나아가도록 힘쓰는 것이다.

3. 사도적 리더십

예수 그리스도는 제자들에게 '보내심'에 대한 말씀을 여러 차례 언급하셨다.

> 예수께서 또 이르시되 너희에게 평강이 있을지어다 아버지께서 나를 보내신 것 같이 나도 너희를 보내노라 (요 20:21).

> 내가 진실로 진실로 너희에게 이르노니 내가 보낸 자를 영접하는 자는 나를 영접하는 것이요 나를 영접하는 자는 나를 보내신 이를 영접하는 것이니라(요 13:20).

이처럼 예수 그리스도는 교회에 사도적 사명을 주셨다. 그러니 하나님의 백성들과 교회는 예수 그리스도께서 맡겨 주신 사명을 따라서 세상에서 그리스도의 몸으로서의 직분을 감당해야 한다.

하나님의 백성들과 교회에게 주신 성령의 은사를 살펴보면 그것은 세상에서 감당해야 할 사역이었다. 교회를 통하여 세상에서 이런 성령의 은사들이 개발되고 사용될 때 교회는 예수 그리스도처럼 맡겨진 사도적 사명을 성취해 나갈 수 있다.[20]

예수 그리스도는 제자들과 작별하실 때 제자들에게 세상에서 예수 그리스도의 사역을 계속하라고 위탁하셨다(요 14:12-15). 하나님의 백성들은 사도직을 양도받은 것이다. 예수 그리스도의 사도직을 양도받은 바울도 사도행전 13:2-3과 13:46-47에서 자신의 정체성과 선교를 정의하였다.[21]

> 주께서 이같이 우리에게 명하시되 내가 너를 이방의 빛으로 삼아 너로 땅끝까지 구원하게 하리라(행 13:47)

> 그가 이르시되 네가 나의 종이 되어 야곱의 지파들을 일으키며 이스라엘 중에 보전된 자를 돌아오게 할 것은 매우 쉬운 일이라 내가 또 너를 이방의 빛으로 삼아 나의 구원을 베풀어서 땅끝까지 이르게 하리라(사 49:6).

> 곧 그리스도가 고난을 받으실 것과 죽은 자 가운데서 먼저 다시 살아나사 이스라엘과 이방인들에게 빛을 전

---

20 엥겐, 『하나님의 선교적 교회』, 206-207.
21 엥겐, 『하나님의 선교적 교회』, 208.

하시리라 함이니이다 하니라(행 26:23).

바울은 사도직을 물려받은 자로서 자신의 역할은 '이방인의 사도'(롬 15:15-19)라고 강조하였다.

1) 예수 그리스도로부터 위임받은 사명 리더십

사도적 리더십은 예수 그리스도로부터 "땅끝까지 이르러 내 증인이 되리라"고 명령을 위임받은 하나님의 백성들이 지녀야 할 리더십이다. 이 사도적 리더십은 매우 구체적이다. 예수 그리스도께서 교회를 직접 세우지 않으셨지만, 사도들은 성령강림 후에 교회를 이끌어 가는 실제적인 리더 역할을 했기 때문이다. 초대교회는 교회의 본질과 원형에 가까운 선교적인 교회의 모습을 지니고 있었으며, 초대교회의 리더인 사도들의 리더십은 선교적 교회의 리더십이었다.

하지만, 사도적 리더십은 점차 그 빛을 잃고 말았다. 앨런 록스버그(Alan J. Roxburgh)는 이렇게 지적하였다.

> 초기 기독교 왕국의 리더십은 사도적 리더십에서 성직 계급을 중시하는 기능적이고 권위적인 리더십으로 변화되었다. 이런 리더십의 형태는 교회의 제도적인 모습과 경직된 구조를 낳았다. 또한, 성직자와 평신도를 구

분하는 결과를 초래하게 되었다. 교회의 사도적 특성인 세상을 향해 세상으로 보냄 받은 본질적인 의미를 상실하고, 성직자의 권위와 관료적인 제도만을 강조하게 되었던 것이다.[22]

이러한 록스버그의 정확한 지적처럼 기독교와 그 리더들은 예수 그리스도로부터 위임받은 사도적 리더십을 점차 잃어버리고 말았다. 오직 그들의 권위를 내세우고 그들에게 이로운 관료적인 제도만을 주장하였던 것이다.

2) 사람을 세워 증인의 삶을 살게 하는 리더십

사도적 리더십은 예수 그리스도의 명령을 따라 세상에 증인된 삶을 구현하도록 구비시키고, 보내는 실천적인 행동을 포함한다. 그래서 사도적 리더십의 특징은 '권한 위임'이었다.

초대교회 공동체 안에서도 볼 수 있듯이, 예루살렘교회(사도행전 6장)에서 헬라파 유대인과 히브리파 유대인들이 구제에 대한 문제로 논쟁과 갈등이 일어났었다. 그때 해결책으로 사도들은 집사를 세워 구제와 분배의 일

---

[22] 최형근, "선교적 공동체를 지향하는 한국교회," 「목회와 신학」 (2006), 8월.

을 맡겼고, 사도들은 말씀 전하는 일과 기도하는 일에 전력하였다. 이렇게 사도직 리더십은 권한 위임과 함께 '사람을 세우는 일'을 중요하게 다루었다.

3) 관계를 넘어서는 소통의 리더십

'선교적'이라는 용어의 의미 가운데는 타자에 대한 '열린 태도와 소통'의 의미가 담겨 있다. 세상을 향하여 보내심을 받았다는 의미는 세상을 향해 열린 태도를 가지고 있으며, 세상을 이해하려는 과정을 통해 소통하지 않으면 실천이 불가능하다는 뜻이다.[23]

사실 기독교 초대교회의 사도들이 세상과 소통을 하려는 모습을 우리는 찾아볼 수 있다. 초대교회의 사도들은 당시에 개로 여김을 받았던 이방인들과도 접촉하고 관계를 가짐으로써 그들에게 복음을 전하는 모습을 찾아볼 수 있다. 이것은 당시의 문화의 경계를 넘어서는 놀라운 소통이었다.

대표적으로 사도행전 10장에서 베드로와 고넬료와의 만남을 통해서 알 수 있다. 선교적 교회에서 사도직 리더십은 문화와 인종의 장벽을 넘고 제도와 지역의 장벽을 넘어 나아가는 것이다. 그래서 선교적 교회의 사도직 리

---

[23] 한국일, 『선교적 교회론의 이론과 실제』, 330.

더십은 지역 사회와 소통하는 것이 매우 중요하고, 본질적인 가치가 되는 것이다.

이것을 뉴비긴은 다음과 같이 설명하고 있다.

> 예수 그리스도의 교회인 우리로 하여금 우리가 살아가는 사회와 문화 속에서 선교사적인 교회가 되도록 우리를 부르시고 파송하신다.[24]

이 말은 사도적 교회의 소통 리더십의 모습을 잘 설명해 주고 있다. 실제적으로 사도적 리더십은 하나님의 백성들로 하여금 세상에서 선교사적인 삶을 살아내고, 예수 증인의 삶을 구현하도록 세상과 소통하는 것이다.

4) 종말론적인 공동체의 삶을 살아가는 리더십

선교적 교회가 종말론적 공동체와 일맥상통한 것과 같이, 사도적 교회는 종말론적인 긴박성을 강조한다. 세상에서 불신자들을 향하여 '복음의 긴박성'을 강조하고, 예수 그리스도의 증인으로서의 삶을 살아간다. 선교적 리더십은 바로 이러한 교회의 종말론적인 상황 안에서

---

[24] 레슬리 뉴비긴, 『서구 기독교의 위기』, 서정운 역 (서울: 대한기독교서회, 1987), 7.

형성되며, 하나님의 백성들은 이러한 종말론적인 공동체의 삶을 이루고 살아가는 리더십이다.

임무영은 윌리암 아브라함의 선교적 리더십과 종말론적인 특성을 다음과 같이 설명하고 있다.

> 초기 기독교 역사에서 종말론이 예수 증인의 삶을 살려고 하는 이들에게 얼마나 많은 변화의 물결을 경험하게 했는가? 이것은 단순히 역사의 지평선을 넘어 초래되는 미래의 소망이 아니었다. 이미 하나님의 통치가 현실화되었고, 이것은 그들의 삶에 새로운 길과 방향, 그리고 힘을 제공해 주었다. 예수 그리스도 안에서 새로운 시대의 사건들은 이미 종말의 흐름 속에 있었다.[25]

이처럼 사도적 리더십은 초대교회의 사도들에 의해서 세워졌다. 따라서 그 사도성은 오늘 선교적 교회의 구성원인 하나님의 백성들의 리더십 가운데 드러나야 한다. 사도성은 세상 속에서 구체적으로 예수 그리스도의 증인의 삶으로 나타나고 표현되어야 하는, 즉 삶에서 드러나는 존재론적인 리더십이라고 연구자는 생각한다.

---

[25] 임무영, "좋은 리더십에서 위대한 리더십으로-선교적 리더십에 대한 고찰," 「복음과 선교」 제20집 (2012), 297-298.

제2장

선교적 교회의 선교 리더십의 과제

이제 선교적 교회의 선교 리더십의 과제에 대하여 논의해 보자.

우선 선교 리더십의 역할은 무엇인가?

그리고 선교 리더십의 범위는 어디인지, 마지막으로 선교 리더십의 한계에 대하여 설명하고자 한다.

1. 선교 리더십의 역할

선교 리더십의 역할은 무엇인가?

선교 리더십은 교회의 본질이 선교라는 인식의 전환에서부터 출발한다. 교회의 부르심은 교회 구성원과 그 지체만을 위한 것이 아니라 세상을 향하여 흩어져 세상을 구원하고자 하는 것이 중요한 역할이다. 그러기에 선교 리더십은 교회의 목회자나 선교사 등 리더들이 먼저 인식의 전환을 하고 교회 구성원들의 인식의 전환을 이끌어 가야 한다. 사실 한국교회의 상황에서 교회의 본질은 선교이며, 선교적 교회를 향한 목회자들의 인식이 부족한 것이 현실이다. 선교 리더십의 중요한 역할은 이러한 인식의 전환을 만들어 가는 것이다.

1) 변화와 갱신으로 실천 공동체를 이루어 간다

선교적 교회의 리더들은 성도들에게 끊임없이 교회는 세상에서 행하신 하나님의 선교의 결과물이며, 동시에 매개체로서 하나님의 통치와 주권의 대리인임을 강조해야 한다. 그러므로 교회의 최우선 사역은 하나님의 통치 실현과 하나님 나라의 확장을 이루어 가는 것이다.[1]

이러한 측면에서 선교적 교회의 리더들은 끊임없이 변화를 일으키고 갱신을 이루어 가야 한다. 그리고 그 사명을 교회 공동체의 구성원들과 함께 공유하고, 하나님 나라의 회복과 실현을 교회와 세상 속에서 실천하는 공동체를 만드는 것이 선교 리더십의 역할이라고 생각한다.

또한, 선교 리더십은 교회의 신앙 공동체에 대한 인식과 더불어 선교 교육[2]이 요구된다. 교회는 예수 그리스

---

1 엥겐, 『하나님의 선교적 교회』, 74.
2 전석재, "선교 2세기 한국교회와 평신도 선교 교육," 「복음과 선

도를 따르는 제자들의 공동체이고, 예수의 삶과 성품을 배우며, 그것을 실천하는 구성원들의 모임이다. 교회에서 예배와 교제, 그리고 훈련을 통해 세상에 나아가서 변혁하는 힘과 추진력을 갖게 된다. 성도들이 세상에서 십자가의 정신과 섬김의 삶을 통하여 예수 그리스도의 사랑과 공의를 실현하게 하는 것이다.

2) 지역 사회와 문화의 상황에 맞게 변혁시켜 나간다

실제적으로 선교 리더십은 상황적인 것을 매우 중요하게 고려한다. 교회와 보냄을 받은 구성원들은 그들이 속해 있는 지역 사회와 문화 그리고 세상을 이해하고 배워야 한다. 세상을 향해 보내심을 받았기 때문에 세상에서 빛과 소금의 역할을 감당하기 위해서 지역 사회와 소통하고, 그들의 필요를 이해하고 채워주어야 하기 때문이다. 하나님이 세상을 사랑하신 것처럼 우리도 세상을 사랑하여 세상을 섬기고, 그 사랑으로 지역 사회를 변혁시켜 나가는 것이 선교 리더십의 중요한 역할이라고 생각한다.

교」제20집 (2012), 155-175. 전석재는 여기에서 평신도들의 선교 교육의 중요성을 강조하며 실제로 지역 교회에서 선교 교육의 구체적인 실제를 설명하고 있다.

2. 선교 리더십의 범위

1) 지역 교회 안에서의 선교 리더십

전통적인 교회의 가장 큰 문제는 제도화되면서 선교적 역동성과 활동의 한계를 가지고 있다는 점이다. 마이클 프로스트(Michael Frost)와 알렌 허쉬(Alan Hirsh)는 제도화된 교회의 특징에 대해 다음과 같이 설명하고 있다.

> **첫째**, 끌어당기고(attractional),
> **둘째**, 이원론적(dualistic)이며,
> **셋째**, 계급적(hierarchical) 구조로 특징지어져 있다.[3]

즉, 전통적인 교회는 매력적인 건물과 환경, 프로그램 등을 만들어 사람들로 하여금 찾아오게 하는 구조를 가지고 있다는 것이다.

하지만, 강력한 선교적 동기를 가진 새로운 교회는 이러한 수동적 구조를 탈피하고, 오히려 이들은 건물 밖 지역 공동체를 향해 적극적으로 나아간다. "와서 보

---

[3] Michael Frost & Alan Hirsh, *The Shaping of Things to Come: Innovation and Mission for the 21st-Century Church* (Peabody, MA: Hendrickson Publishers, 2003), 18-28.

라"(Come-to-us)의 개념을 떠나 "그들에게 가라(Go-to-them)"는 형식을 취하는 것이다.

지역 교회 가운데 대부분의 교회들이 전통적인 패러다임(paradigm) 구조를 가지고 목회를 하고 있다. 선교적 리더십은 전통적인 패러다임에서 선교적 패러다임으로 전환하게 하는 동력이 된다. 선교 리더십의 범위에서 다루는 것은 제도화된 교회의 리더십인 상하 계급적인 구조에서 수평적인 구조로 전환시키는 것이다.

계급적 리더십은 평신도들을 수동적인 존재로 만든다. 이렇게 되면 성도들이 '만인제사장'으로서의 역할을 이해하고, 각자의 은사에 따라 사역을 감당하며, 수평적인 리더십을 형성함으로써 얻게 되는 유기체적 사역의 상실을 가져오게 만든다.[4]

하지만, 선교적 리더십은 관료적이고 수직적이고, 계급적인 구조에서 오는 리더십을 극복하며, 수평적이고 은사 중심적인 리더십을 갖게 해준다.

지역 교회 안에서 선교 리더십의 범위는 끌어모으기식의 방식을 바꾸어야 한다. 세상으로 스며드는 성육신적(incarnational) 교회론이 아닌 문화와 세상에 참여하는 메시아적 영성, 그리고 계급적 모델이 아닌 은사에 따른

---

[4] 이상훈, "선교적 교회를 통한 목회 패러다임의 갱신," 「복음과 선교」 제20집 (2012), 104-105,

수평적 리더십과 팀 사역을 추구하는 사도적(Apostolic) 리더십의 형성이 중요하다.[5]

이러한 견해에서 선교 리더십은 다양한 형태로 섬김을 행하고, 성육신적인 삶으로 세상의 문제에 관여하며, 공동체성을 강조하고, 수평적인 리더십을 확장시킴으로써 교회가 당면한 위기를 새로운 선교적 교회의 기회로 삼으려고 한다.[6]

2) 문화를 선교의 도구로 삼는 선교 리더십

선교 리더십의 범위에는 세상에 대한 이해가 매우 중요하다. 세상의 변화에 민감하고, 문화의 변동을 직시하며, 거기에 대응할 수 있는 리더십의 변화가 요청된다. 오늘날 제4차 산업 혁명으로 인해서 사회의 모습은 빠르게 변화해 가고 있다. 즉, 인공 지능, 로봇, 디지털, 3D 프린터, SNS, 포스트모던 문화 등에 대한 교회의 대처 능력이다. 사실 교회는 이러한 사회와 문화의 변화 앞에서 가장 둔감한 반응을 보이고 있다.

세상의 변화에 대한 교회의 대처에 대해 아부리 말퍼

---

[5] Michael Frost.& Alan Hirsh, *The Shaping of Thing to Come*, 27-28.
[6] 이상훈, "선교적 교회를 통한 목회 패러다임의 갱신," 105-106.

스(Aubrey Malphurs)는 이렇게 주장하였다.[7]

> 오늘날 전통적인 교회 음악은 과거의 현대적인 음악이 었으며, 오늘의 현대 음악은 내일의 전통 음악임을 상기하면서, 문화에 대한 고립(isolation)이나 무조건적인 수용(accommodation) 대신 성육신적인 상황화(contextualization) 모델을 통한 소통을 해야 한다.

아부리 말퍼스의 말처럼 교회는 세상과 대치하는 것이 아니라 세상을 변혁하기 위하여 상황화 선교 모델을 통하여 그들의 눈높이에 맞추어야 한다.

선교 리더십의 범위는 문화를 선교의 도구로 사용해야 한다. 다음 세대가 전통적인 교회의 패러다임에 식상하고 매력을 느끼지 못하는 상황에서 문화적인 요소를 적절하게 활용하여 다가가는 것이다. 선교적 교회의 사역은 문화를 적대시하지 않는다. 문화에 기독교적 영성과 진정성을 입혀서 다음 세대들과 소통하고, 그들이 하나님의 임재를 경험하며, 그 가치를 소유하고 살아가게 하는 것이다.[8]

---

[7] Aburey Malphurs, *A New Kind of Church: Understanding Models of Ministry for the 21st Century* (Grand Rapids, MI: Baker Books, 2007), 102-103.
[8] 레너드 스윗, 『영성과 감성을 하나로 묶는 미래 교회』, 김영래 역

선교 리더십의 범위는 교회와 세상임이 자명하다. 교회 안에 갇힌 복음이 아니라, 복음으로 세상과 소통하고 문화를 선교적 도구로 사용하여 세상을 변혁해 나가는 것이다.

3. 선교 리더십의 한계

1) 관료적이고, 제도적이며, 계급적인 제도

선교 리더십의 한계는 우선 선교적 교회의 이해와 연관성을 가지고 있다. 선교적 교회에 대한 패러다임의 전환을 이루지 못하면 선교 리더십에 대한 정확한 이해를 할 수가 없다. 선교적 교회에 대한 목회자의 인식과 더불어 교회 구성원들의 인식 부재는 선교 리더십으로 나아가는 데 한계에 부딪히게끔 만들 수밖에 없다.

왜냐하면, 전통적인 교회 패러다임에서 선교 리더십인 성육신적 리더십, 사도적 리더십, 섬김의 리더십을 실천하는 구조가 되어 있지 않기 때문이다. 또한, 관료적이

(서울: 좋은씨앗, 2002). 레너드 스윗은 EPIC(Experience, Participation, Interaction, Community)를 강조하였다. 이러한 요소들은 선교적 사역을 위해서 매우 중요한 요소임을 설명하고 있다.

고, 제도적이며, 계급적인 패러다임을 넘어 섬김과 십자가의 리더십으로 가기가 매우 어렵기 때문이다.

2) 내부적 사역과 외부적 사역의 불균형

선교 리더십은 내부적 사역과 외부적 사역 사이에서 균형을 이루기가 매우 힘들다는 한계가 있다. 대부분의 교회는 내부적 사역인 예배, 교육, 교제에 집중한다. 목회자들은 교인 출석, 예산, 새로운 프로그램, 장치와 건물 등을 이루기 위해 집중하고 노력한다.[9] 그래서 외부적 사역인 선교와 전도, 구제와 봉사, 지역 사회의 섬김을 이루어 가는 데 에너지를 쏟고 집중하기가 어렵다. 사실 선교적 교회는 모이는 교회와 흩어지는 교회의 균형 속에서 이루어질 수 있다. 선교 리더십은 적절하게 내부적 사역과 외부적 사역의 균형을 이루어 가도록 해야 한다.

3) 타문화권 선교 현장의 어려움

선교 리더십은 급변하고 있는 타문화권 선교 현장에서 적절하게 적용하고 실천하기에는 어느 정도 한세가 있음을 알 수 있다. 사실 선교 리더십은 다변화된 선교 현장

9　이상훈, "선교적 교회를 통한 목회 패러다임의 갱신," 109.

에서 획일적으로 적용할 수가 없다. 타문화권 선교에서 선교 리더십의 상황화 모델을 실천하는 것이 매우 어렵기 때문이다.

그렇다면 이런 선교지의 상황 가운데에서 선교적 교회를 어떻게 세워가야 하는가?

이것은 선교 리더십의 중요한 과제임에 틀림이 없다.

4) 섬김과 헌신 부족

선교 리더십의 한계는 하나님께서 세상을 사랑하셔서 독생자를 허락하신 것처럼 세상을 향한 거룩한 섬김과 헌신을 위해 얼마나 많은 시간과 재정과 조직, 그리고 에너지를 교회 밖의 사람들을 위해 사용할 수 있느냐?[10]이다.

한국교회가 침체기에서 생존의 문제에 집중할 수밖에 없는 상황에서 지역 사회와 세상을 향하여 얼마만큼 책임적인 존재로서 타인을 위한 삶을 살 수 있고, 기꺼이 비용을 지불할 수 있는가?

이것은 참으로 어려운 일이 아닐 수 없다.

또한, 교회 구성원인 하나님의 백성들의 삶에서 얼마나 구체적으로 각자 자기에게 주어진 은사에 따라 지역

---

10 이상훈, "선교적 교회를 통한 목회 패러다임의 갱신," 109-110.

사회를 섬기는 선교사적인 삶을 살아갈 수 있는가?

이런 것들을 질문하지 않을 수 없다.

선교 리더십이 이러한 여러 가지 한계를 가지고 있음에도 불구하고, 교회는 본질이라 할 수 있는 선교적 교회로 향하는 도전과 몸부림을 계속해야 한다. 그리고 침체기에 있는 한국교회의 새로운 선교 패러다임으로 선교 리더십을 교회와 삶, 직장, 세상에서 실천해 나아가야 할 것이다.

제5부

나가는 말

 선교적 교회는 교회의 존재 이유와 본질에 초점을 두고 있다. 과거의 전통적 패러다임에 속한 교회 역시 교회의 행위에 초점을 두었다. 선교적 교회는 선교를 존재의 이유와 본질로 이해하지만 기존 교회는 선교를 행위로 이해한다.

 즉, 선교 활동이나 사업을 많이 하는 교회, 선교와 관련된 프로젝트와 프로그램을 많이 추진하는 교회, 해외에 많은 선교사를 파송하고 그들에게 선교비를 지원하며, 종종 여러 단기 선교 여행팀을 파송하는 교회 등으로 이해한다. 이러한 선교적 교회의 몰이해와 인식의 부족으로 나타난 결과가 낡은 기존 교회의 패러다임이다.

 선교적 교회가 추구하는 가치는 하나님의 백성으로서의 선교 공동체를 강조하고, 모이는 교회로서 예배와 교육과 교제를 강조하며, 흩어지는 교회로서 선교, 전도, 구제, 지역 사회 봉사를 강조하는 것에 있다. 또한, 선교적 교회는 지역 교회로서의 선교적 교회를 강조하여 지역 교회가 선교적 교회로서 지역을 섬기는 공동체, 세상 가운데 교회가 거룩성을 회복하여 공적인 영역에서 그리스도의 제자도를 실천하며 하나님의 백성들이 성육신적(incarnational)인 삶을 구현하여 섬김의 도로 살아가는 공동체이다.

선교적 교회는 본질적으로 유기체적 공동체이다.[1] 교회를 하나의 유기체로 본다는 것은 교회가 가진 고유한 본성, 곧 DNA에 주목하는 것을 의미한다. 그 DNA가 바로 교회의 선교적 본질이라고 말할 수 있다. 교회는 삼위일체 하나님의 주권적 선교로서, 특히 성령의 역사에 의해 발생한 공동체이다. 따라서 교회가 세상 속에서 선교적 공동체로 살아가는 것은 그 공동체가 삼위일체 하나님과 교감을 통하여서 얻어내는 생명력이 발현하는 과정이다. 이 생명적인 관계는 하나님의 관계에서 나타나며, 이것은 바로 유기적인 것이다.[2]

빠르게 변화해 가는 오늘날의 현대 문화와 사회는 우리의 선택 사항이 아니라 하나의 환경과 상황으로 주어진 것이다. 교회가 포스트모던 시대에 효과적인 목회를 위하여 변화를 원한다면, 교회는 이 시대의 사조와 흐름

---

[1] 한국선교신학회, 『선교적 교회론과 한국교회』, 189.
[2] 한국선교신학회, 『선교적 교회론과 한국교회』, 190-191.

을 분명히 인식하고 적절한 대처를 해야 한다. 만약 교회가 사회의 변화에 민감하게 대응하지 못한다면, 기독교 공동체는 앞으로 많은 어려움에 봉착하게 될 것이다.

현대 시대의 흐름은 교회에게 창조적이며 독특한 대응을 요구하는 새로운 도전으로 다가왔다. 선교적 교회 공동체는 이러한 도전에 대응하기 위해서 새로운 교회 갱신과 패러다임을 요청받고 있다. 따라서 우리는 현대의 시대 상황을 주의 깊게 연구하고, 하나님의 뜻을 분별하여 새로운 미래 환경에 적응할 수 있는 새로운 선교 전략을 세워야만 할 것이다.

선교적 교회는 선교 사역에 요구되는 시대의 변화에 대처하기 위해서 패러다임의 전환과 끊임없는 교회 갱신을 지속적으로 해야 할 것이다. 끊임없이 변화되는 소셜 네트워크 문화에서 더욱 절실한 영적 목마름을 원하는 사람들에게 앞으로의 교회는 건강한 영성을 공급해 주어야 한다. 또한, 교회 공동체가 자리하고 있는 지역 사회의 필요를 찾아 나서며, 평신도 교육을 통하여 선교의 동력화를 이루고, 교회와 선교의 동역자로 세워 건강한 교회를 세워나가야 할 것이다.

앞서 저자는 선교 리더에 대해 하나님께서 주신 역량과 하나님께서 주신 책임을 가지고 하나님의 백성 구성원들을 하나님의 선교적 목적을 이루기 위해서 영향력을 주고 그 목표를 이루어 가도록 돕는 자라고 설명하였다.[3] 선교 리더십이 필요한 한국교회의 상황 가운데, 이 책에서는 현재 교회의 존재 양식의 변화에 있어서 가장 중요한 부분인 리더십의 정의를 설명하였다. 또한, 선교적 교회로 전환하기 위해서 어떤 리더십이 필요한지를 규명하였고, 선교적 교회에서 하나님의 백성을 세우기 위한 리더십의 형성을 설명하였다.

선교 리더십은 교회의 공동체가 영향력 있는 리더를 세우고, 그 리더들이 공동체 안에서 하나님의 백성들이 받은 영적 은사들을 잘 발휘할 수 있도록 도와야 한다. 또한, 리더와 팔로워(follower)가 함께 협력하여 일어나는 '연합적 사건'이 리더십이다. 선교 리더는 하나님의 백성들이 세상을 향해 선교하러 나아가기 위해서 창의적이고 비전이 있고, 적극적이고 긍정적으로 미래를 바라볼 수 있는 안목을 지녀야 한다. 실제적으로 하나님의 백성들로 하여금 세상에서 그리스도를 따르는 제자의 삶을 살아가도록 돕는 것이다.

선교 리더십은 성육신적 리더십(incarnational leadership)과 섬김의 리더십(servant leadership)이다. 즉, 자신을 비워 온 인류의 구원을 완성하신 바로 십자가의 리더십(cross leadership)이라고 할 수 있다. 또한, 예수 그리스도의 지상

---

[3] 클린턴, 『영적 지도자 만들기』(서울: 베다니, 2014), 180-181.

명령을 이루기 위해 세상 가운데로 보냄을 받은 사도적 리더십(apostolic leadership)이다.

선교적 교회는 세상으로부터 부름을 받은 하나님의 선교적 공동체로서 세상을 향하여 성육신적인 삶과 섬김을 실천하는 섬김의 리더십을 보여 주어야 한다. 동시에 세상 속에서 하나님의 순례자의 삶을 살아가는 하나님의 백성들에게 선교적 상상력을 갖게 해 주고, 사도적 리더십으로 세상의 문화와 사회를 하나님의 선교의 문화로 변혁시킬 수 있도록 하나님의 백성들을 돕는 역할을 해야 한다. 이것이 바로 선교적 교회의 선교 리더십의 본질과 사명이라고 생각한다. 한국교회는 성장과 부흥의 역사를 넘어 침체와 쇠퇴의 길을 걷고 있다.

오늘날 이러한 한국교회의 위기와 어려움 속에서 극복하며 나아가야 할 방향은 무엇인가?

교회의 본질과 목적을 회복하는 길로 나아가야 할 것이다.

그 대안으로 필자는 선교적 교회로의 본질을 회복해야 할 필요성과 방향성을 제시하였다. 선교는 교회의 프로그램이 아니라 교회 존재 자체이며 본질이다. 선교적 교회는 예수 그리스도의 지상 명령인 복음 선포에 있어서 교회 밖의 지역 사회를 섬기고, 교회의 공공성을 실천하는 제자도의 삶을 강조하며, 흩어지는 교회의 사명을 직장과 일터의 관계 속에서 이루어 가야 한다.

무엇보다 선교적 교회의 선교 리더십을 회복하는 길이 중요하다고 생각한다. 선교 리더십을 회복하기 위하여 이론적인 틀과 학문적인 연구와 더불어 앞으로 실제적인 사례 연구가 절실히 요구된다.

또한, 선교적 교회의 선교 리더십 연구를 위해 다음과 같은 몇 가지 제언을 하고자 한다.

첫째, 한국교회의 성장과 부흥을 위한 선교 리더십의 개발과 구체적인 교회의 적용을 위한 연구가 절실히 요구된다.

둘째, 타문화권 교회 상황 속에서 선교 리더십이 어떻게 적용되는지에 대한 논의가 활발히 진행되어야 한다. 사실 리더십은 상황적인 요소와 깊은 관련이 있다. 타문화권의 상황에서 선교적 교회의 리더십의 적용은 확연히 달라질 수 있다고 본다.

셋째, 선교적 교회의 선교 리더십이 효율적으로 적용된 성공 사례와 그렇지 않은 실패의 사례를 발굴하고 소개하여 선교적 교회에 대한 이해를 갖고 이를 개발하여 발전시켜 나아가야 한다.

넷째, 사회과학적인 방법인 설문 조사를 통해서 선교적 교회에 대한 평신도들의 인식과 이해도를 측정하고 거기에 따른 적절한 선교 리더십을 설정하는 것이 매우 중요하다.

다섯째, 선교적 교회에서 가장 핵심적인 목회자와 선교사들의 인식의 전환과 리더십 계발이 절실히 요구된다. 리더들의 패러다임이 전환되지 않으면 선교적 교회를 이루어 갈 수 없기 때문이다. 그러므로 선교적 교회를 위한 리더십의 계발과 훈련이 요청된다.

여섯째, 선교 리더십에서 관계를 통한 리더십 계발이 요구된다. 선교적 교회에서는 세상과의 관계, 지역 사회와의 관계, 믿지 않는 사람들과의 관계를 어떻게 세워 가느냐가 매우 중요하다. 그에 따른 관계적 리더십을 통하여 복음으로 세상을 변혁해 나아가야 한다.

선교적 교회는 오늘날 교회가 직면한 위기와 어려움을 극복하고 하나님의 선교를 이루어 나아가는 것이 핵심이다. 선교적 교회의 구성원들은 예수 그리스도의 성육신적인 삶을 배우고 실천하고, 세상 가운데 사도적 리더십을 드러내며, 섬기는 종의 모습으로 지역 사회의 변혁을 만들어 내어 진정한 하나님 나라의 선교를 실천해 나아가야 할 것이다.

참고 문헌

국내 도서

김상복. 『목회자의 리더십』. 서울: 엠마오, 1992.
김은수. 『현대 선교의 흐름과 주제』. 서울: 대한기독교서회, 2010.
도시공동체연구소. 『선교적 교회의 오늘과 내일』. 서울: 예영, 2016.
명성훈. 『성경속의 리더십 마스터 키』. 서울: 국민일보, 2000
박영환. 『네트워크 선교 역사』. 인천: 바울, 2012.
_____. 『세계선교학 개론』. 서울: 성광문화사, 2018.
_____. 『핵심선교학 개론 II』. 인천: 바울, 2008.
박운암. 『선교적 교회와 목회 행정』. 서울: CLC, 2017.
신현수. 『선교적 교회론』. 서울: CLC, 2011.
유승관. 『교회여, 세상속으로 흩어지라』. 서울: 생명의말씀사, 2012.
이성희. 『미래 목회 대예언』. 서울: 규장, 2002.
_____. 『미래사회와 미래 교회』. 서울: 대한기독교서회, 1998.
이영희. 『21세기 선교 지도자 개발론』. 서울: 생명의말씀사, 1999.
이원규. 『기독교의 위기와 희망: 종교사회학적 관점』. 서울: 대한기독교서회, 2003.
이장석. "한국교회 10년간 성장 요인 연구 보고서," 「월간 교회 성장」 (2013), 78-80.

전석재. 『변화하는 현대 선교 전략』. 서울: 대한기독교서회, 2014.

_____. 『21세기 세계 선교 전략』. 서울: 대서, 2012.

정인수. 『교회를 혁신하는 리더십』. 서울: 두란노서원, 2004.

최동규. 『미셔널 처치』. 서울: 대한기독교서회, 2017.

_____. 『새로운 패러다임의 교회 성장』. 서울: 서로사랑, 2011.

최동규·전석재·박관희. 『미래 세대의 전도와 목회』. 서울: 대한기독교서회, 2015.

최윤식. 『2020-2040 한국교회 미래 지도』. 서울: 생명의말씀사, 2013.

최윤식·최현식. 『2020-2040 한국교회 미래지도 2』. 서울: 생명의말씀사, 2015.

한국선교신학회. 『선교적 교회론과 한국교회』. 서울: 대한기독교서회, 2015.

한국일. 『선교적 교회의 이론과 실제』. 서울: 장로회신학대학, 2016.

번역서

겔더, 크레이그 밴·드와이트, 샤일러. 『선교적 교회론의 동향과 발전』. 최동규 역. 서울: CLC, 2015.

겔더, 크레이그 밴. 『교회의 본질』. 최동규 역. 서울: CLC, 2015.

구더, 대럴. 『선교적 교회』. 정승현 역. 인천: 주안대학원대학교, 2013.

깁스, 에디. 『넥스트 처치』. 임신희 역. 서울: 교회성장연구소, 2004.

라이트 Jr. 월터 C. 『관계를 통한 리더십』. 양혜정 역. 서울: 예수전도단, 2002.

레슬리, 뉴비긴. 『변화하는 세상 변함 없는 복음』. 홍병룡 역. 서울: 아바서원, 2014.

_____. 『다원주의 사회에서의 복음』. 허성식 역. 서울: IVP, 1998.

_____. 『서구 기독교의 위기』. 서정운 역. 서울: 대한기독교서회, 1987.

로우즈, 릭·밴 겔더, 클레이그. 『선교적 교회 만들기』. 황병배·황병준 역. 경기: 한국교회선교연구소, 2013.

록스버그, 앨런·보렌, 스캇. 『선교적 입문』. 이후천·황병배 역. 고양: 한국교회선교연구소, 2014.

맥라렌, 브라이언. 『저 건너편의 교회』. 이순영 역. 서울: 낮은울타리, 2002.

베스, 웨렌. 『리더와 리더십』. 김원석 역. 서울: 황금부엉이, 2005.

보쉬, 데이비드. 『변화하고 있는 선교』. 김병길·장훈태 역. 서울: CLC, 2000.

블랙커비, 헨리. 『영적 리더십』. 윤종석 역. 서울: 두란노, 2002.

스나이더, 하워드. 『새 포도주는 새 부대에』. 이강천 역. 서울: 생명의말씀사, 2006.

스윗, 레너드. 『귀 없는 리더, 귀 있는 리더』. 강봉재 역. 서울: IVP, 2005.

_____. 『모던시대의 교회는 가라』. 김영래 역. 서울: 좋은씨앗, 2004.

_____. 『미래 크리스천』. 김영래 역. 서울: 좋은씨앗, 2005.

_____. 『영성과 감성을 하나로 묶는 미래 교회』. 김영래 역. 서울: 좋은씨앗, 2002.

엥겐, 찰스 밴. 『하나님의 선교적 교회』. 임윤택 역. 서울: CLC, 2014.

포오크, 미쉘 & 매콘넨, 가린 밴 리넨 & 더글러스. 『변화하는 내일의 세계 선교』. 박영환·전석재·김영남 역. 인천: 바울, 2008.

푸트만, 에드스테치 & 데이비드. 『선교 암호 해독하기』. 이후천·황병배 역. 고양: 한국교회선교연구소, 2010.

푸르드만, 제임스 E. 『범세계적 교회와 선교적 리더십』. 변진석·김동화 역. 서울: GM, 2013.

프로스트, 마이클. 『성육신적 교회』. 최형근 역. 서울: 새물결플러스, 2016.

핀젤 한스, 『리더십 파워』. 김재영 역. 서울: 디모데, 2000.

클린턴, 로버트. 『영적 지도자 만들기』. 이순정·이영규 역. 서울: 베다니, 2014.

헌터 3세, 조지. 『사도적 교회』. 전석재·정일오 역. 서울: 대서, 2014.

논문

권오훈. "하워드 스나이더(Howard A. Snyder)의 선교적 교회론," 「선교신학」 제36집, 2014: 57-58.

김주덕. "선교적 교회 목회자 만들기," 「선교신학」 제25집, (2010): 263-282.

박우삼. "선교적 교회를 위한 목회 패러다임 변화연구," 「선교신학」 제49집, 2018, 288-312.

박원길. "선교적 교회를 위한 목회 리더십 연구," 호서대학교 연합신학대학원 박사학위논문, 2014.

오은국. "청소년을 위한 학원선교 활성화 방안연구," 「기독교교육정보학회」 제52집, 2017, 105.

이동원. "포스트모더니즘의 인간," 「목회와 신학」 2014 2월호, 52-54.

이상훈. "선교적 교회를 통한 목회 패러다임의 갱신," 「복음과선교」 제20집, 2012, 89-118.

_____, "하나님 백성의 선교적 사명과 책무," 「선교신학」 제36집, 2014, 168-170.

임무영. "좋은 리더십에서 위대한 리더십으로," 「복음과선교」 제20집, 2012, 284-296.

전석재. "미래 세대를 향한 전도 방향과 전략," 「한국기독교신학논총」 96, 2015, 127-151.

_____, "선교 2세기 한국교회와 평신도 선교 교육," 「복음과선교」 제20집, 2012, 155-175.

_____. "선교적 교회를 위한 목회 리더십," 「한국기독교신학논총」 108, 2018, 229-250.

_____, "포스트모더니즘과 선교," 「선교신학」 제12집, 2006, 175-198.

전한봉. "섬김의 리더십 분석과 및 선교학적 적용," 「선교신학」 제23집, 2010, 185-210.

최동규. "선교적 교회의 관점에서 본 교회," 「선교신학」 제36집, 2014, 333-337.

_____, "선교적 교회의 평신도를 위한 사도적 이해," 「선교신학」 제41집 2016, 456-457.

최형근. "선교적 교회론의 실천에 관한 연구." 「선교신학」 26, 2011, 15-19.

한국일. "선교적 교회의 실천적 모델과 원리," 「선교신학」 제36집, 2014, 386-387.

홍석희. "타 문화권 선교사들의 정서적 탈진과 대응 과정에 관한 현상학적 연구," (박사논문; 서울신학대학교 대학원, 2018)

해외 도서

Abraham, William J. *The Logic of Evangelism*. Grand Rapids: Eerdmans, 1989.

Banks, Robert·Ledbetter, Bernice M. *Reviewing Leadership: A Christian Evaluation of Recent Approach*. Grand Rapid, MI: Baker Academic Press. 2004.

Barth, Marcus. "Ephesians: Translation and Commentary on Chaprters 4-6." *Anchor Bible* 34 A. Garden City, N.Y: Doubleday. 1974.

Bignell, Jonathan. *Postmodern Media Culture. Edinburgh*, UK: Edinburgh University Press, 2000.

Bosch, David J. *Transforming Mission: Paradigm Shifts in Theology of Mission*. Mary-knoll, NY: Orbis. 1991.

Branson, Mark Lau·Martinez, Juan F. *Churches, Cultures, and Leadership: A Practical Theology of Congregations and Ethnicities*. Downers Grove, IL: InterVarsity Press. 2011.

Gibbs, Eddie. *Churchmorph: Megartrends are Reshaping Christian Community*. Grand Rapids, MI: Baker Academic, 2009

Gibbs, Eddie. *Church Next*. Downers Grove, IL: InterVarsity Press, 2000.

Guder, Darrell L. ed, *Missional Church: A Vision for the Sending of the Church in North America*. Grand Rapids, MI: William B. Eerdmans Publishing Company. 1998.

Guder, Darrell L. *The Continuing Conversion of the Church*. Grand Rapids: Eerdmans Publishing, 2000.

Hodgson, Weter. *Revisioning the Church: Ecclesial Freedom in the New Paradigm*. Philadelphia: Fortress. 1988.

House. R. J., Javidan, P., Dorfam, W., Gupta, V.·Associates (Eds), *Culture, leadership, and organizations: The GLOBE study of 62 societies*. Thousand Oaks, CA: Sage. 2004.

Jewell, John P. *Wired for Ministry*. Grands Rapids, MI: Brazos Press, 2004.

Lausanne-Dokumente, *Alle Welt soll sein Wort hoeren*, Haenssler Verlag Neuhausen-Stuttgart, 1974.

Malphurs, Aburey. *A New Kind of Church: Understanding Models of Ministry for the 21st Century*. Grand Rapids, MI: Baker Books, 2007.

Newbign, Lessile. *Unfinished Agenda: An Autobiography*. Grand Rapids, MI: B. Eerdmans, 1985,

Northouse, Peter G. *Leadership: Theory and Practice*, Los Angels, CA: Sage. 2010.

Roxburgh, Alan J. Romanuk, Fred. *The Missional Leader: Equipping Your Church to Reach a Changing World*. San Francisco, CA: Jossey-Bass Publishing. 2006.

Slaughter, Michael & Bird, Warren. *Unlearning Church*. Loveland, Co: Group Publishing, 2002.

Slaughter, Michael. *Out on The Edge*. Nashville, TN: Abingdon Press, 1998.

Sweet, Leonard. *Postmodern Pilgrims*. Nashville, TN: Broadman Holman Publishings, 2002.

Synder, Howard A. *Decoding The Church*. Grands Rapids, MI: BakerBooks, 2002.

Synder, Howard A. *Radical Renewal: The Problem of Wineskins Today*. Houston, TX: Touch Publication, 2006.

Shweder, Richard A. *Why Do Men Barbecue? Recipes for cultural Psychology*. Cambridge, MA: Harvard Univerity Press. 2003.

Van Engen, Charles, *Mission on the Way: Issues in Mission Theology*. Grand Rapids, MI: Baker Books, 1996.

Van Gelder, Craig. *The Ministry of the Missional Church: A Community Led by the Spirit*. Grand Rapids, MI: Baker Books. 2009.

Ve, Michelle A. "Missional Church." *Christianity Today*, 13 March 2009, 32.

Wheatley, Margaret J. *Leadership and New Science: Discovering Order in a Chaotic World*, 2nd ed. San Francisco: Berrett-Koehler Publisher. 1999.